卓有成效

德鲁克管理精要

THE PETER F. DRUCKER READER

[美] 彼得 · 德鲁克 著
陈召强 译

中信出版集团 | 北京

战指挥官的个人习惯等主题时，他同样也给出了非常独到的见解。

对经理人和管理者所应扮演的角色和所应承担的职责，德鲁克提出了他自己的要求。不过，在阅读这方面作品时，要注意他论述的深度和广度——收放自如地阐述某一主题的非凡能力，以及习惯把综合性、大局观思维同细致入微的实际需求相结合的偏好。在德鲁克的论述中，他把整个社会、社会组织、组织的领导者，以及作为劳动人口组成部分的个体纳入整体考量。在德鲁克看来，理想的“卓有成效”的管理者同样有着收放自如的能力，他们既关注不断变化的世界经济，也关注即将召开的会议；既考虑组织的下一个重大战略举措，也考虑雇员个人的动机和生产力。这并不是说管理者要做到事无巨细、事必躬亲，因为这很难带来效率。但要想成为卓有成效的管理者，他们必须恪守管理纪律，处理好大大小小的重要事务。

对于复杂的理念，德鲁克会用简单、清晰的语言加以阐释，而且通常都很简略。他是一位公认的格言警句大师。在制作幻灯片时，很多管理者都会引用德鲁克的至理名言；40 年来，这些话依然散发着耀眼的光芒，比如“做根本不该做的事情，效率再高也无意义”“提升工作效率的职责在于经理人而不在于普通雇员”“业绩的取得源于且只能源于长处而非短处”，等等。

但仅阅读他的格言警句，则会错失他给出的许多最有用的建议。由此，我们将德鲁克的这些文章结集出版，希望借此助你一臂之力，让你成为一位真正意义上的“卓有成效”的管理者。

卓有成效

德鲁克管理精要

THE PETER F. DRUCKER READER

[美] **彼得 · 德鲁克** 著
陈召强 译

中信出版集团 | 北京

图书在版编目（CIP）数据

卓有成效：德鲁克管理精要 /（美）彼得 · 德鲁克著；陈召强译. -- 北京：中信出版社，2020.1

书名原文：The Peter F. Drucker reader

ISBN 978-7-5217-0000-8

Ⅰ. ①卓… Ⅱ. ①彼… ②陈… Ⅲ. ①管理学 Ⅳ. ①C93

中国版本图书馆CIP数据核字（2019）第267135号

卓有成效：德鲁克管理精要

著　　者：[美] 彼得 · 德鲁克
译　　者：陈召强
出版发行：中信出版集团股份有限公司（北京市朝阳区惠新东街甲 4 号富盛大厦 2 座　邮编　100029）
承 印 者：三河市中晟雅豪印务有限公司

开　　本：787mm × 1092mm　1/16　　印　　张：15.5　　字　　数：135 千字
版　　次：2020 年 1 月第 1 版　　印　　次：2020 年 1 月第 1 次印刷
京权图字：01–2019–2965　　广告经营许可证：京朝工商广字第 8087 号
书　　号：ISBN 978–7–5217–0000–8
定　　价：69.00 元

目 录

序　言

本书是彼得 · F. 德鲁克（1909—2005）最具标志性和最有影响力的文章结集。若说是代表作，显然低估了德鲁克作品的广度和数量——他总计发表文章38篇，出版著作39部。但本书的确提供了一个有用的窗口，让我们一窥他的思想，了解他在领导力、管理、生产力和效能等方面给我们提供的永不过时的经验教训。而最重要的经验教训，或许就是他所阐述的人与社会组织之间的关系。

时至今日，德鲁克的理念依然发挥着极大影响力。他似乎有一种先见之明。在对“知识工作者”这一新兴现象做深刻阐述时，他能够非常准确地想象出，在20世纪末和21世纪初，组织内的力量均势会如何转换，以及组织的架构、关注点和宗旨会如何变化。

此外，德鲁克的作品也呈现出了极广的涵盖性。理所当然地，德鲁克将特定的管理趋势置于它们各自的历史语境下加以论述，比如，他把服务和知识工作者的动机同弗雷德里克 · 泰勒和马克思的理念联系到一起；在论及组织战略、日本铁路系统、计划报废、作业成本法、信息技术演化、莱诺铸排机（Linotype machine）的发展，以及二战指挥官的个人习惯等主题时，他同样也给出了非常独到的见解。

对经理人和管理者所应扮演的角色和所应承担的职责，德鲁克提出了他自己的要求。不过，在阅读这方面作品时，要注意他论述的深度和广度——收放自如地阐述某一主题的非凡能力，以及习惯把综合性、大局观思维同细致入微的实际需求相结合的偏好。在德鲁克的论述中，他把整个社会、社会组织、组织的领导者，以及作为劳动人口组成部分的个体纳入整体考量。在德鲁克看来，理想的“卓有成效”的管理者同样有着收放自如的能力，他们既关注不断变化的世界经济，也关注即将召开的会议；既考虑组织的下一个重大战略举措，也考虑雇员个人的动机和生产力。这并不是说管理者要做到事无巨细、事必躬亲，因为这很难带来效率。但要想成为卓有成效的管理者，他们必须恪守管理纪律，处理好大大小小的重要事务。

对于复杂的理念，德鲁克会用简单、清晰的语言加以阐释，而且通常都很简略。他是一位公认的格言警句大师。在制作幻灯片时，很多管理者都会引用德鲁克的至理名言；40 年来，这些话依然散发着耀眼的光芒，比如“做根本不该做的事情，效率再高也无意义”“提升工作效率的职责在于经理人而不在于普通雇员”“业绩的取得源于且只能源于长处而非短处”，等等。

但仅阅读他的格言警句，则会错失他给出的许多最有用的建议。由此，我们将德鲁克的这些文章结集出版，希望借此助你一臂之力，让你成为一位真正意义上的“卓有成效”的管理者。

在《是什么造就了卓有成效的管理者》一文中，德鲁克认为，所谓的“超凡魅力”并不是领导力的必备因素。他确定了卓有成效的领导者所要遵循的八大实务，从重大任务，比如他们会问自己“什么对企业是有利的”，到最基本的管理技能，比如召开富有成效的会议。综合起来，这些实务产生了管理者所需要的知识，并帮助管理者将这些知识转化为行动，从而确保整个组织担负起责任，致力于追求成功。

在《经营理论》一文中，德鲁克强调了“做什么”的问题，有人也称之为商业战略问题。从“为什么成功的公司会陷入停滞”这一问题入手，他把重点放到如何把组织的优先事项及目标同不断变化的世界中持续变化的现实结合起来，确保组织有能力实现各项任务和目标。

在《提升企业效能》一文中，德鲁克写道，经理人的主要职责是在可用资源的基础上实现最佳经济成果。这需要对效率和效能做明确区分：效率是指能够完成的最大工作量，而效能则是指能够实现的最佳成果。由此，德鲁克主张，经理人应只关注那些收入最高的产品线（与之相对的，则是我们今天看到的产品分散化）。他给出了一个三步走的建议，旨在帮助经理人确定相应的产品线，并采取行动，减少混乱状况。①

在《卓有成效的决策》一文中，德鲁克为面临选择的管理者提

① 本文包含一个展现德鲁克时代局限性的例子，这也是他在这方面为数不多的例子之一：他认为对工作产生不满情绪的主要是“大龄未婚女性”和“上夜班的清洁工”群体。

供了一种方法。他认为，在影响整个组织的重大事项上，不一定非要立刻做出决定，因为衡量它们质量的最佳标准不是决策的速度，而是它们是否被付诸行动，是否取得了积极成果。德鲁克的方法抓住了理想与可行性之间的固有妥协性，抓住了组织宏大图景——组织所致力于实现的目标和所面临的威胁——与现实执行之间的固有妥协性。

“就管理者而言，他们在人员管理和人事决策上花的时间比在其他任何事情上花的时间都要多——他们理应如此。”德鲁克在《好的人事决策》一文中写道。通过细致研究二战期间美国陆军参谋长乔治·C.马歇尔的做法，以及领导通用汽车长达20多年的阿尔弗雷德·P.斯隆的做法，他总结出了一般原则，并概述了做出良好人事决策的步骤。在这里，我们看到了他在其他一些作品中所阐述思想的渊源，比如在《自我管理》一文中，他强调要着重发展雇员的长处而不是专注于他们的短处，再比如在前面提到的《卓有成效的决策》一文中，他谈到要对决策实施方案做审慎考虑。总而言之，德鲁克突出强调一点，那就是雇员的失败要么源于管理上的失误，要么源于工作安排上的失误，要么源于选任机制上的失误。

《他们不是雇员，只是为组织工作》一文考察了人们及其所服务组织之间的关系转变——这是目前仍在持续的一种转变，工作安排越来越趋向于临时性，也越来越远离个人色彩。德鲁克称，如果说培养人才是企业最重要的任务，那么这种转变将会带来一些实实在在的威胁。在探讨这种转变的文化背景时，德鲁克考察了雇佣法规以及它们对企业特别是小企业的影响，同时也考察了知识工作的崛起等因素。他向企业领导者发出警示：无论这种转变如何演化，“在知识型劳动人口中，公司体系必须为工作者服务”。

在德鲁克的作品中，这一理念可谓贯穿始终。从务实的角度出发，他认为工作者的需求同管理者的需求一样，都是整个公司体系中不可或缺的一部分。比如，在工业化后的大约一个世纪里，经济生产力的提高必然来自制造和物流产出的增加。然而，到20世纪末，从事知识和服务工作的人口数量已经超过了工业中的劳动人口数量，德鲁克由此认识到，正是这些部门需要实现有意义的新生产力的增长。在《新生产力的挑战》一文中，德鲁克把这一主题放在阶级斗争和19世纪工业革命的起源的大背景下进行了探讨，并得出结论——雇员和经理人之间的伙伴关系是提升生产力的必要条件。

在管理方面，非营利组织通常不是企业领导者所效仿的对象。然而，在《向非营利组织学习》一文中，德鲁克认为，在激励知识工作者以及提升知识工作者的生产力方面，非营利组织居于领先位置；在战略和董事会效能方面，非营利组织强于大多数营利组织。

在《全新的组织社会》一文中，德鲁克界定了组织同整个社会的关系。对于米尔顿·弗里德曼关于“企业的唯一责任是它自身的经营绩效”的论述，德鲁克并不认同；按照德鲁克的预见，公司和非营利组织将会治愈这个世界上最大的社会弊病。

在德鲁克的作品中，《自我管理》具有最大影响力，超过其他所有管理类文献。它适用于任何专业人士，而不仅仅是管理者和经理人。之所以具有如此大的影响力，或许是因为它以一种简单的方式鼓励人们进行自我反思。或许是因为我们受德鲁克所探讨内容的启发，意外发现了我们自己的很多长处和短处；或许是因为坦然接受自己的长处和短处，会让我们以一种新的方式赋予自己力量。事实上，赋能是这篇文章的最终目的，即我们的事业与成功都掌握在自己手中。

对德鲁克来说，效能源于我们去问这样一个问题——“需要做什么？”而不是仅仅提升当前的运营效率。

即便我们的整个经济部门都实现了自动化，这个问题仍然非常重要。德鲁克早在 1963 年就写道：“虽然现在已经有了很多可以节省劳动的机器，但还没有人发明可以‘节省工作’的机器，更不用说可以‘节省思考’的机器了。”大数据和数据分析已经在开始帮助我们解决“需要做什么”的问题了，但正如他的劝诫，在这一问题上，我们必须做审慎决定。一如既往地，这关系到我们的职业生涯，关系到我们的组织，关系到我们的社会。

——编者

第一章

是什么造就了卓有成效的管理者

卓有成效的管理者会以正确的方式做正确的事情：一是问“需要做什么”；二是问“什么对企业是有利的”；三是制订行动计划；四是担起决策的责任；五是担起沟通的责任；六是专注于机会而不是问题；七是召开富有成效的会议；八是在思考和表达时以“我们”而不是“我”为出发点。

卓有成效的管理者未必符合我们当下大多数人对领导者的定义。比如，哈里·杜鲁门就是一个毫无魅力可言的人，但他却是美国历史上最卓有成效的总统之一。同样，在 65 年的咨询生涯中，与我共事过的一些最优秀的首席执行官——或来自企业，或来自非营利组织——也不是典型的领导者。他们有着不同的性格、处世态度、价值观和优缺点。他们有的外向，有的近乎孤僻；有的为人随和，有的充满控制欲；有的慷慨大方，有的吝啬小气。

而他们之所以成为卓有成效的管理者，皆因遵循如下八大实务：

- 他们会问："需要做什么？"
- 他们会问："什么对企业有利？"
- 他们制订行动计划。
- 他们担起决策的责任。
- 他们担起沟通的责任。

- 他们专注于机会而不是问题。
- 他们召开富有成效的会议。
- 他们思考和表达时以“我们”而不是“我”为出发点。

前两项实务让他们具备了所需的知识，接下来的 4 项实务帮助他们将这些知识转化为卓有成效的行动，最后两项实务确保了整个组织的责任感。

获取所需的知识

第一项实务是问“需要做什么”。请注意，这个问题并不是“我想做什么”。认真思考和对待“需要做什么”，是实现管理成功的关键。若不提出这个问题，即便是最有才干的管理者，最终也只是徒劳无功。

杜鲁门于 1945 年继任总统时，他很清楚自己想要做什么：完成因二战延宕的罗斯福新政的经济和社会改革。然而，在问及“需要做什么”时，杜鲁门意识到外交事务才是排在第一位的绝对优先事项。他据此安排日常工作，在每个工作日，他所做的第一件事就是查阅国务卿和国防部长提交的外交政策简报。最终，他成为美国历史上外交事务领域成就最高的总统。他遏制了共产主义在欧洲和亚洲的蔓延，而后实施的马歇尔计划则拉开了全球 50 年经济增长的序幕。

同样，在接任通用电气首席执行官之后，杰克·韦尔奇也意识到，公司需要做的并不是实施他所希望的海外扩张行动，而是大刀阔斧地砍掉那些无法在行业内数一数二的业务——无论这些业务在当时是多么赚钱。

就“需要做什么”这个问题而言，它的答案通常包含不止一项紧迫任务。但卓有成效的管理者不会因此而分心；相反，他们会尽可能地把精力放到单一任务上。在能调整好工作节奏的情况下，他们会同时挑选两项任务，但具备这种能力的管理者屈指可数。迄今为止，我还从没有遇到过可以同时处理两项以上任务且仍能保持高效的管理者。因此，在问清需要做什么之后，卓有成效的管理者会设定优先事项，并按照优先次序加以实施。对一名首席执行官来说，首要任务或许是重新定义公司的使命。对一名部门负责人来说，首要任务或许是重新定义该部门与总部之间的关系。而其他任务——无论多么重要、多么具有吸引力——则会被推迟。不过，在完成最初的首要任务之后，管理者会重新设定优先事项，而不是按照早前的清单继续实施排名第二的事项。他会问：“现在必须做什么？”通常来说，这会产生新的、不同的优先事项。

– 观点概述 –

担心自己不是天生的领导者？担心缺乏超凡魅力，缺乏应有的天资，或缺乏某种不为人知的神秘品质？这种担心没有必要，因为领导力与性格无关，与天资无关。事实上，就最优秀的领导者来看，他们有着不同的性格、处世态度、价值观和长处；他们或者外向，或者孤僻，或者为人随和，或者充满控制欲，或者慷慨大方，或者吝啬小气，或者以数字为导向，或者以愿景为导向。

那么，卓有成效的管理者有哪些共同之处呢？他们会依照如下 8 条简单易行的原则，以正确的方式做正确的事情：

- 问："需要做什么？"
- 问："什么对企业有利？"
- 制订行动计划。
- 担起决策的责任。
- 担起沟通的责任。
- 专注于机会而不是问题。
- 召开富有成效的会议。
- 在思考和表达时以"我们"而不是"我"为出发点。

严格遵循并应用这些规则，你会获得你所需要的知识，而这些知识将会帮助你做出聪明的决策；进而，你会将这些知识转化成卓有成效的行动，并确保整个组织承担起应有的责任。

我们再来看看美国最知名的首席执行官杰克·韦尔奇是如何做的。据他的传记，每隔 5 年，杰克·韦尔奇都会问自己：“现在需要做什么？”而每一次，他都会给出新的、不同的优先事项。

但在确定未来 5 年的努力方向之前，韦尔奇还会全面思考另外一个问题。他会问自己，排在优先事项清单最前面的两项或三项任务中，哪一项是他最拿手的。然后，他会把精力集中放在该项任务上，而其他任务则会做降级处理。卓有成效的管理者会专注于他们擅长的工作。他们知道，企业的业绩取决于管理层的表现。如果管理层的表现不佳，企业的业绩也不会好。

– 理念实践 –

获取所需的知识

问：“需要做什么？”在接任通用电气首席执行官时，杰克·韦尔奇问及这个问题，然后意识到，当前最重要的是淘汰那些无法在行业中数一数二的业务，而不是自己所希望的海外扩张行动。一旦搞清了需要做什么之后，你就得确定自己最擅长的任务，然后在一段时间内专注于这项任务。在完成该项任务之后，再基于新的现实状况重新设定优先事项。

问："什么对企业有利？"不要纠结于什么对企业的所有者、投资者、雇员或客户最有利。对企业有利的决策，最终会让所有的利益相关方受益。

将知识转化为行动

制订行动计划。制订具有明确预期结果和约束条件的计划（该行动计划是否合法，是否符合公司的使命、价值观和政策），包括设定核查的时间点以及个人时间的安排等，同时依据新出现的机会适时调整行动计划。

担起决策的责任。确保每一项决策都有专人负责，都有明确的实施时间，同时还要明确哪些人会受到该决策的影响，哪些人需要知道已经出台了这项决策。定期对决策进行评估，尤其是与人员招聘和晋升有关的决策，这有助于你及时纠正不太明智的决策，避免造成实质性损害。

担起沟通的责任。在制订行动计划时，征求上司、下属和同僚的意见和建议。让他们每个人都知道，你需要什么信息才能完成任务。而对于上司和同僚的信息需求，也要给予同等重视。

专注于机会而不是问题。成果来自你对机会的利用，而不是你对问题的解决。把握组织内外的情况变化（新技术、产品创新、新市场结构等），问一问自己："我们如何利用这种变化，让我们的企业获益？"然后，为最优秀的人才提供合适的机会。

确保整个企业的责任感

召开富有成效的会议。清楚表明每一场会议的目的（是发布声明还是发表报告）。目的达成后，再结束会议。之后，就会议所讨论内容进行简短交流，做出总结，并给出新的工作安排以及各项工作的最终期限。通用汽车首席执行官斯隆在这方面所掌握的娴熟技巧堪称传奇，而这也帮助通用汽车在 20 世纪中叶确立了行业主导地位。

思考和表达时以"我们"而不是"我"为出发点。你的权威源于你所在的组织对你的信任。要想得到最佳结果，就要优先考虑组织的需求和机会，而不是你个人的需求和机会。

对卓有成效的管理者来说，第二项实务是问"什么对企业有利"。他们不会问这是否对所有者有利、对股价有利、对雇员有利或

对管理层有利。当然，他们知道股东、雇员和管理层都是重要的利益相关方，而要想使一项决策变得卓有成效，必须获得他们的支持或至少得到他们的默许；他们知道股价对股东和企业的重要性，因为市盈率决定资本成本；但同时，他们也知道，不利于企业的决策，最终也不会利于任何利益相关方。

第二项实务对家族所有制企业或家族运营企业的管理者尤为重要，特别是在人事决策上。家族所有制企业或家族运营企业在任何一个国家都是主要的企业形态。在成功的家族企业中，家族成员的晋升只遵循一条法则，那就是他（或她）的业绩表现优于同层级的所有雇员。比如杜邦公司，其在早期以家族企业形式运营时，所有高管（除审计人员和律师外）均为家族成员。创始人的所有男性后裔均可加入公司，担任入门级职务。其后，家族成员要想获得晋升，则需通过一个委员会的评估。该委员会主要由公司中的非家族成员主管组成，负责评估某一名家族成员的能力和业绩表现是否优于同层级的其他所有雇员。英国非常成功的家族企业、现隶属于一家大型综合性企业集团的约瑟夫·里昂公司（J. Lyons & Company）曾是英国食品服务和酒店业的龙头企业，其百年来也一直遵循这一法则。

即便你问了“什么对企业有利”，也不保证所做决策就是正确的。再优秀的管理者终归也是人，他们也会犯错，也会带有偏见。但如果这个问题你连问都不问，那么做出的决策一定是错误的。

制订行动计划

管理者是干实事的人，他们负责计划的执行。知识除非转化为行动，否则对管理者来说就没有用。但在行动之前，管理者需要预先规划好路线。他需要考虑所要达成的预期结果、可能的约束条件、未来的修正方案、核查的时间点，以及个人的时间安排等。

首先，在确定预期结果时，管理者要问：“在未来 18 个月到两年的时间里，企业希望我做出什么贡献？我致力于达成的结果是什么？最终期限设在何时？”然后，他再考虑行动的约束条件：“行动路线是否合乎道德规范？组织内部是否接受？是否合法？是否合乎组织的使命、价值观和政策？”肯定的回答并不保证行动就是卓有成效的；但如果违背了这些约束条件，那么毫无疑问，整个行动是错误的，也是徒劳无功的。

其次，行动计划是一种意向陈述而不是一种承诺。它绝不应成为紧箍咒。它应该经常被调整，因为每一次成功都会创造新的机会，每一次失败亦如此。同样，我们也需要基于商业环境、市场特别是企业内部人员的变化，对行动计划做出调整。书面计划应留出弹性空间。

再次，为行动计划创建一套核查体系是必要的，即依照预期对实施结果进行核查。卓有成效的管理者通常会在行动中设立两个核查点：第一个核查点通常设在计划进行到一半时，比如第 9 个月的时候；第二个核查点设在该计划结束时，且在下一个行动计划出台之前。

最后，行动计划必须成为管理者在时间管理方面的基石。对管理者来说，时间是最稀缺和最宝贵的资源。无论是政府机构、企业还是非营利组织，它们天生都是时间的浪费者。管理者需要按照行动计划来安排个人时间；若非如此，行动计划将无果而终。

据称，拿破仑曾经说过，没有哪场战役是因遵循作战计划而获胜的。但即便如此，他还是会为每一场战役制订计划，而且细致程度超过了以往任何一位将军。没有行动计划，管理者就会受制于不断发生的各类事件。而随着事件的展开，如果没有核查的时间点，如果不对行动计划重新审视，那么管理者将无从知晓哪些事件是真正重要的，哪些事件是无关紧要的。

行　动

在将计划转化为行动时，管理者需要特别注意如下事项：决策、沟通、机会（完全不同于问题）和会议。下面我将逐一展开讲述。

担起决策的责任

在做出一项决策之前，首先需要确定如下事项：

- 谁负责实施。
- 最终期限。

- 哪些人会受到这项决策的影响，因而也就需要让他们知晓、理解和赞同这项决策，至少做到不让他们强烈反对。
- 哪些人需要知道有这样一项决策，即便他们不会受到该决策的直接影响。

无数的组织决策最终陷入困境，一个重要原因就是做决策时没有全面考虑和履行上述事项。30 年前，我的一个客户决定同日本的新合作伙伴成立合资企业，但并未明确由谁来通知采购代理商该合作伙伴是以米和千克而非英尺和磅来定义产品规格的，最终也没有人来传达这一信息，结果该客户在快速增长的日本市场失去了领导地位。

做决策时应保持审慎，同时还应按照事先安排，对决策开展定期评估。这样一来，不甚明智的决策就会得到及时纠正，不致造成实质性损害。这些评估覆盖决策的方方面面——从实施的成果到决策背后的各种假设，不一而足。

与人员招聘或晋升相关的决策最为关键，也最难以抉择，因而这样的评估也就变得特别重要。相关研究显示，仅有 1/3 的人事决策最终被证明是成功的；另有 1/3 可能算不上成功，但也不算失败，可以说是平平常常；还有 1/3 是失败决策，彻彻底底的失败。卓有成效的管理者深知这一点，所以他们会对人事决策的结果进行评估——通常是在决策做出的 6~9 个月内。如果他们发现某项人事决策未能达到预期结果，他们不会认为这是他们所选的人的问题；相反，他们会认为这是他们自己选人的问题，是他们犯下了错误。在一家管理完善的企业，有人不胜任新的工作，尤其是在晋升之后，这是可以理解的，而且这也未必是他自己的责任。

不过，管理者也要对组织以及组织的所有雇员负责，决不能放任不合格的人担任重要职务。如果雇员无法胜任某项工作，即便不是他们自己的错，也必须将其解职。对于那些无法胜任新工作的人，应给予他们选择权，允许他们重新回到先前的岗位，接受先前的薪资。不过这种做法非常罕见。按照惯例，这类雇员通常会选择自愿离职，至少在美国企业界是这样。但事实上，这种做法具有强大的效力，可以鼓励人们离开安全、舒适的工作岗位，接受充满挑战的新的工作任务。雇员是否愿意接受这种挑战，对组织的绩效而言至关重要。

系统的决策评估也是促进自我发展的强大工具。依照预期核查决策结果，可以让管理者看清自己有哪些长处、哪些地方需要改进，以及在哪些方面存在知识或信息上的欠缺。他们会看清自己所持的偏见。而他们的决策之所以未能达到预期效果，很多时候是因为他们没有把合适的人放到合适的岗位上。将最优秀的人安排到最合适的岗位上，是一项至关重要但也非常艰难的工作，同时也是一项被很多管理者忽视的工作，而原因之一就是最优秀的人已经忙得不可开交了。此外，系统的决策评估也有助于管理者看清自己的不足，特别是他们无法胜任的领域。聪明的管理者不会在自己不擅长的领域做决策或采取行动，他们会选择放权。每个人都有自己不擅长的领域，无所不能的天才管理者是不存在的。

在与决策有关的讨论中，大多数人都认为做决策是高管的职责，或者只有高管做出的决策才是重要的。这是一个危险的错误。组织内的任何一个层级都会做决策，从专业人士和一线主管一直延伸到最高层。在知识型组织中，这些看似较低级别的决策实际上是非常重要的。知识工作者有着自己精通的专业领域（比如税务会计），他们所具备的专业知识理应超过其他任何人，所以他们的决策可能会对整个公司产生全局性的影响。在任何一个层级，做出好的决策都是一项至关重要的技能。在知识型组织中，这一点应明确无误地传递给组织内的每一个人。

担起沟通的责任

卓有成效的管理者会确保组织了解他们的行动计划和信息需求。具体而言，就是他们会和组织内的同事（上司、下属和同僚）分享他们的计划，并寻求他们的意见和建议。与此同时，他们还会让每个人都了解到，他们需要哪些信息才能完成工作。通常情况下，人们最重视下属提供给领导的信息，但对于同僚和上司的信息需求，管理者也需要给予同等重视。

基于切斯特·巴纳德1938年出版的经典之作《经理人员的职

能》(*The Functions of the Executive*)，我们知道组织是由信息而不是所有权或命令维系在一起的。虽然如此，还是有太多管理者认为对信息和信息流的处理是信息专家的职责，比如会计师。由此，他们拿到了大量不需要，也无法使用的数据，而在这里面，真正有效的信息却少之又少。对管理者来说，解决这个问题的最佳方法就是找出自己的信息需求，然后要求相关人员提供这些信息，其间加以督促，直至拿到这些信息为止。

专注于机会

优秀的管理者专注于机会而非问题。当然，问题也必须认真对待，它们不应被掩盖起来。但问题的解决并不会带来成效，无论它有多么必要。解决问题在于阻止损害，而对机会的利用则会创造成果。

最重要的是，卓有成效的管理者会把变化视为机会而不是威胁。他们会系统地考察公司内外的变化，然后问："我们如何把这种变化转变为企业发展的机会？"具体来说，管理者会从如下 7 种情况中寻找机会：

- 所在企业、竞争对手或行业内出现的意想不到的成功或失败。

- 某一市场、工艺、产品或服务的现状与理想之间的差距（比如在 19 世纪，造纸业仅能利用树木的 10% 来制造木浆，而剩余的 90% 则被忽视，进而造成浪费）。
- 企业内外或所在行业的工艺创新、产品创新或服务创新。
- 产业结构和市场结构的变化。
- 人口特征的变化。
- 思维方式、价值观、感知、情绪或意义的变化。
- 新知识或新技术的出现。

卓有成效的管理者也决不会让问题压倒机会。在大多数公司，月度管理报告的第一页都会列举关键问题。但若在第一页列举机会，并将问题挪到第二页，则明智得多。除非出现了真正意义上的灾难性问题，否则管理层会议就应首先讨论和分析机会，并以妥善方式处理这些机会，然后再讨论相关问题。

卓有成效的管理者专注于机会，人员配备是一个重要方面。他们会安排最优秀的人主抓机会的利用和开发，而不是让他们去处理问题。为充分利用机会并为机会配备合适人员，方法之一就是要求所有管理成员每隔 6 个月提交两份清单：一份是整个企业所面临机会的清单，另一份是整个企业业绩最好的人员的名单。在经管理层充分讨论之后，这些清单会被汇总为两份主清单，据此安排最优秀的人担纲最佳机会的负责人。顺便说一句，在日本的大公司或政府部门，这种人与事的匹配是人力资源部门的主要职责，而这种做法也是日本企业的关键优势之一。

召开富有成效的会议

在二战期间以及之后的岁月里，美国非政府部门最具知名度、最有权力，甚至可以说是最卓有成效的管理者并非企业界人士，而是斯佩尔曼。他是天主教纽约总教区的红衣主教，也曾担任美国多位总统的顾问。在斯佩尔曼上任时，纽约总教区已经败落，人员意志消沉，而到他卸任时，该教区在美国天主教会系统中已稳居领先地位。斯佩尔曼经常说，在每天醒着的时候，他只有两次独处的机会：早上起床后在他的私人小教堂做弥撒和晚上睡觉前做祷告，各25分钟。除此之外，他整天都忙着会见各天主教组织的人员，从早餐会开始，一直到晚餐会结束。

高层级的管理者未必会像天主教纽约总教区的大主教那样忙碌，但所有研究均显示，即便是低层级的管理者和专业人士，其工作日一半以上的时间也都用在了与他人的交流上，也就是某种形式的会议上。高层级的管理者就更不用说了，唯一的例外就是少数高级研究人员。当然，一对一的谈话某种意义上也是一种“会议”。因此，要想提高自身效能，管理者必须让会议开得富有成效。他们必须确保会议就是正式的工作会谈，而不是随意的吹牛聊天。

要想提升会议的成效，关键就是提前确定会议的类型。不同类型的会议需要不同形式的准备工作，而且会议的成果也不尽相同：

- 为准备声明、公告或新闻稿而召开的会议。要让这类会议开得富有成效，会前必须有人先拟好草稿，而在会议结束时，事先指派的成员必须担起责任，负责定稿的传达和发布。
- 为公告发布而召开的会议，比如组织变革公告。这类会议应限定在公告及其内容上面，并就此展开讨论。
- 一名成员做报告的会议。这类会议只应讨论该报告及其内容，不应涉及其他。
- 多名成员或全部成员做报告的会议。这类会议不应进行任何讨论，即便有讨论，也应仅限于所需要澄清的问题。或者，在每名成员做完报告后进行简短讨论，其间任何与会人员都可以提出问题。如果是后面这种模式，那么应在会前将报告分发到所有与会者手中。在这类会议上，每人所做报告的时间应予以限制，比如限定在15分钟以内。
- 向召集人做汇报的会议。作为会议的召集人，管理者应听取与会者的情况汇报，并提出问题。管理者应只做总结，不做陈述。
- 仅为创造机会让与会者与管理者碰面的会议。红衣主教斯佩尔曼的早餐会和晚餐会就是这种类型的会议。因为存在层级

> 问题，这类会议很难收到成效。高层级的管理者能够做到卓有成效，某种程度上就在于他们不会让这类会议妨碍他们的日常工作。比如，斯佩尔曼之所以保持高效，很重要的一个原因就是他把这类会议限定在了早餐和晚餐期间，以此确保其他时间不受干扰。

富有成效的会议需要高度自律。管理者首先需要确定召开何种类型的会议，而一旦确定下来，就应坚持这种形式。另外，在开会目的达成之后，应及时结束会议。优秀的管理者不会在会上另提其他问题讨论。他们会做总结，然后宣布散会。

会后跟进同会议本身一样重要。斯隆可以说是这方面的大师，他也是我所认识的最卓有成效的企业管理者。斯隆从 20 世纪 20 年代开始执掌通用汽车，一直持续到 20 世纪 40 年代。其间，在一周 6 个工作日中，他大部分时间都在开会，其中包括正式的委员会会议，与会者为委员会成员，每周 3 天，另外 3 天则同通用汽车的个别管理者单独会晤，或同一小部分管理者举行集体会谈。在正式会议开始时，斯隆会先宣布会议的目的，然后就静静地聆听。他从不做笔记，也很少发言，除非是为澄清某个困惑点。在会议结束时，他会做总结，对与会者表示感谢，然后散会离场。之后，他会在第一时间写一个简短的备忘录，然后发给其中的一位与会者。在该备忘录中，他就会上所讨论内容做出总结，并详细说明会上决定的各工作事项（包括是否就此议题再开一次会议，或开会研究其他议题等）。他会给出最终期限，指定各项工作任务的具体负责人。该备忘录会抄送给所有与会者。正是通过这些备忘录——无一例外都是杰作，斯隆让自己成了一位优秀的高效管理者。

卓有成效的管理者知道，没有取得效果的会议就是浪费时间。

思考和表达时以“我们”为出发点

最后一项实务：在思考和表达时要以“我们”而不是“我”为出发点。卓有成效的管理者知道他们肩负着最终的责任，而这种责任既无人能分担，也不能让他人承担。但他们拥有权威，而这种权威完全源于所在组织对他们的信任。这就意味着，他们必须把组织放到个人前面，即优先考虑组织的需求和机会。这听起来似乎很简单，其实不然。在这一点上，管理者需要严格遵守。

以上是卓有成效的管理者所需遵循的八大实务。在这里，我想再额外补充一点。这是一项非常重要的实务，以至我都把它上升到了规则的高度：先听后说。

卓有成效的管理者有着各不相同的性格、优缺点、价值观和信念，但有一点却是相通的：他们会把对的事情做好。有的人天生高效，但这个社会对人才的需求太大，仅靠非凡的天才无法满足这一需求。高效是一门学问，同其他所有学问一样，它也是可以习得的，但必须付出努力。

（首次发表于《哈佛商业评论》2004 年 6 月刊）

第二章

经营理论

很多成功的大型组织之所以陷入困境，原因就在于它们的经营理论已经不再适用了。组织建立和运营时所依存的假设已经与现实脱节。而正是这些假设塑造了组织的行为，支配了组织的决策，并界定了组织所认为的有意义的成果。经营理论既解释了公司成功的原因，也解释了公司所面临的挑战。

在不太久的过去，或者大致在20世纪中叶之前，我们还不曾像今天这样，拥有如此多重要的新兴管理手段：人员精简、外包、全面质量管理、经济价值分析、商业对标、企业流程再造等。它们无一不是强有力的工具。但除了外包和企业流程再造，这些工具主要是为了让人们换一种方法做事而已。换言之，它们的目的是解决“如何做”的问题。

然而，“做什么”正日益成为组织管理层所面临的核心挑战，尤其是那些长期经营有成的大公司。此类案例并不少见：原本的超级明星公司，一夜之间突然陷入停滞，遭受挫折，遇上麻烦，而且它们所面临的通常都是难以克服的危机。这种现象不仅在美国，在日本、德国、荷兰、法国、意大利和瑞典等国也很常见；也不局限于企业，在工会、政府机构、医院、博物馆和教会等非企业组织中同样常见。事实上，在非企业领域，这种危机似乎更难驾驭。

就所有这些危机的根源而言，几乎无一是因为做事太糟，甚至也不是因为做错了什么。事实上，在大多数情况下，它们都在做“正确的事”，只是徒劳无功罢了。对于这样一种明显的悖论，该做何解释呢？答案是，组织建立和运营时所依存的假设已经与现实脱节了。而正是这些假设塑造了组织的行为，决定了企业做什么以及不做什么，并界定了组织所认为的有意义的成果。这些假设与市场有关，与对客户及竞争者的识别有关，与客户及竞争者的价值观和行为有关，与技术和技术动向有关，与公司的优势和劣势有关，并且与公司靠什么盈利有关。所有这些假设合并到一起，就是我所称的“经营理论”。

任何一个组织，无论它是不是企业，都有自己的经营理论。事实上，一套健全理论的内容应当是清晰的、一致的和重点明确的。这样的理论，自然具有超强的力量。比如在 1809 年，德国政治家、学者威廉·冯·洪堡依据一套超前的大学理论创建了柏林大学。在之后 100 多年里，也就是一直到希勒特崛起前，洪堡的理论定义了德国大学的模式，特别是在学术和科学研究方面。1870 年，第一家全能银行德意志银行的创始人兼首任首席执行官乔治·西门子，也给出一套同样明确的经营理论：在工业发展过程中，利用创业金融将仍处于农业社会的四分五裂的德国统一起来。在成立不到 20 年的时间里，德意志银行据此发展成了欧洲首屈一指的金融机构，并将该地位一直保持到现在，尽管其间经历了两次世界大战、通货膨胀和希特勒的打击。在 19 世纪 70 年代，日本的三菱公司成立，它同样立足于一套内容清晰的全新的经营理论，在不到10年的时间里，它便发展成为日本企业的领导者，又过了20年，它成长为一家真正意义上的跨国企业。

一方面，经营理论向我们解释了公司成功的原因，比如在20世纪下半叶主导美国经济的通用汽车和IBM（国际商业机器公司）等；另一方面，它也向我们解释了公司所面临的挑战。事实上，当今世界很多成功的大型组织之所以陷入困境，背后的原因就在于早前它们所持的经营理论已经不再适用了。

– 观点概述 –

在写给《哈佛商业评论》的第31篇文章中，德鲁克表示，当今世界很多成功的大型组织之所以陷入困境，背后的原因就在于早前它们所持的经营理论已经不再适用了。此类案例并不少见：原本的超级明星公司，一夜之间突然陷入停滞，遭受挫折，遇上麻烦，而且它们所面临的通常都是难以克服的危机。就所有这些危机的根源而言，几乎无一是因为做事太糟，甚至也不是因为做错了什么。事实上，在大多数情况下，它们都在做“正确的事”，只是徒劳无功罢了。

对于这样一种明显的悖论，该做何解释呢？答案是，组织建立和运营时所依存的假设已经与现实脱节了。而正是这些假设塑造了组织的行为，决定了企业做什么以及不做什么，并界定了组织所认为的有意义的成果。所有这些假设合并到一起，就是德鲁克所称的“经营理论”。

任何一个组织，无论它是不是企业，都有自己的经营理论。一方面，经营理论向我们解释了公司成功的原因，比如在20世纪下半叶主导美国经济的通用汽车和IBM等；另一方面，它也向我们解释了公司所面临的挑战。

有的经营理论具有强大的力量，可以沿用很长时间。但作为人类的创造物，它们不可能永远奏效，特别是现在，能长期沿用的经营理论已经非常罕见。最终，每一种理论都会过时，然后失效。当一种理论出现过时的苗头时，就该重新思考它了，但有一点要谨记，即那些我们传承下来的假设已经无法适应当前的现实了。

当一家大型组织陷入困境时，特别是那些多年来经营有成的组织，人们总是把原因归咎于惰性、自满、傲慢、庞大的官僚体系。

这种解释合理吗？有一定的道理，但在很多情况下，这种解释并不切题，或者说并不准确。让我们从最近陷入困境的美国大公司中挑两个最明显的例子，它们均因“傲慢的官僚体系”而广受诟病。

自计算机诞生之初，IBM就坚定地认为这个行业将会重走电力发展的道路。IBM深信，计算机的未来在于中央站，在于更强大的、可同时供多人使用的大型主机，而且，这一点是可以通过严谨的科学方法进行论证的。从经济学、信息逻辑和技术等所有角度看，结论都一样。然而，就在这种以中央站、以大型主机为基础的信息系统即将建成之时，两个年轻人突然闯入，率先向世界推出了个人计算机。那时，所有的计算机制造商都认为个人计算机是一个荒谬的概念，它不具备成功的要素——没有内存，没有数据库，没有速度，没有运算能力。事实上，也没有哪家计算机制造商认为个人计算机会成功。早在几年前，施乐公司就得出了这一结论，当时它的研究团队实际上已经造出了世界上第一台个人计算机。但当拙劣的、庞然大物般的个人计算机——先是苹果，后是麦金塔——出现在市场上时，人们不仅喜欢，而且愿意花钱购买。

从历史上看，大型的成功公司在遇到这种意外情况时，无一例外都会选择拒绝接受事实。“这是一股愚蠢的热潮，不出三年就会退却。”蔡司首席执行官1888年看到柯达新推出的“布朗尼相机”时说。当时，这家德国公司是全球摄影器材市场的主导者，就像一个世纪后计算机市场中的IBM一样。对于个人计算机的出现，大部分大型主机制造商的反应同当年的蔡司一样。这个公司清单很长，包括美国的控制数据公司（Control Data）、尤尼瓦克（Univac）、宝来（Burroughs）和安迅（NCR）等，欧洲的西门子、利多富（Nixdorf）、布尔（Machines Bull）和国际计算机公司（ICL）等，以及日本的日立和富士通等。作为大型主机市场的龙头企业，当时IBM的销售额超过其他所有计算机制造商销售额的总和，而且利润也屡创新高。在这种情况下，它的反应方式很可能同其他计算机制造商一样。其实，它本来“应该”做出类似的反应，但恰恰相反，IBM第一时间接受了个人计算机作为新生事物的现实。几乎是在一夜之间，它废止了已被证明有效且经过时间考验的规章制度，进而设立了两个相互竞争的团队，设计更简单的个人计算机。几年后，IBM发展成为世界上最大的个人计算机制造商，同时也成为行业标准的制定者。

在商业史上，这样的成就绝对是空前的。对IBM来说，这很难与官僚主义、惰性或傲慢扯上关系。尽管它展现出了前所未有的灵活性、敏捷性和谦卑的态度，但没过几年，IBM在大型主机和个人计算机业务方面还是陷入了困境。突然之间，它就被困住了，难以采取果断的行动，也难以做出改变。

通用汽车的案例同样令人费解。20世纪80年代初，通用汽车的主营业务——乘用车业务——几乎陷入停摆状态，然而就在这一时期，它收购了两家大公司：休斯电子公司（Hughes Electronics）和罗斯·佩罗（Ross Perot）的电子数据系统公司（EDS）。分析师普遍认为，这两家公司都已进入成熟期，并指责通用汽车为它们支付了过高的溢价。然而，短短几年之后，外界所认为的已进入成熟期的EDS的营收和利润就增加了两倍多。而到10年后的1994年，EDS的市值已是通用汽车当初收购价的6倍，而营收和利润更是以前的10倍。

同样，通用汽车是在美国国防工业崩溃的前夕买下休斯电子的。作为一家大型且仅做国防业务的公司，当时的休斯电子已经无利可图了。但在通用汽车的管理下，该公司实现了国防业务的利润增长，并成为美国唯一成功转型并顺利进入非防务领域的大型防务承包商。值得注意的是，创造这一骄人业绩的功臣，正是通用汽车内部那些低效的财务人员——他们是拥有30年工作经验的“老兵”，其间从未离开过公司，甚至也没有离开过他们所在的财务和会计部门。而在上述两起并购案中，他们只是沿用了通用汽车已有的政策、实务和流程而已。

在通用汽车，这样的故事并不少见。自80年前成立之初，通用汽车就开展了一系列并购活动，而它的核心竞争力之一就是以“过高价格”收购经营良好的成熟公司，并将它们打造成世界级的行业领导者，这包括早期的别克、AC火花塞公司和费希博德（Fisher Body）等。在成功并购方面，很少有公司能与通用汽车相媲美。如果是靠官僚主义、惰性或傲慢，那么它显然不会取得这样的成就。对于自己不甚了解的企业，通用汽车经营得有声有色，但对于自己的老本行，它却经营得一塌糊涂。

在IBM和通用汽车，它们自己开发的、数十年来行之有效的政策、实务和行为模式，为什么突然就不适用了呢？而在通用汽车的案例中，我们看到，那些政策、实务和行为模式虽然不再适用于它自己的组织，却仍可用于新兴的、不同的组织，且效果良好。对于这样的情况，该做何解释呢？答案就是，这两家组织所面临的现实情况都已远远偏离了它们依然坚信的、赖以生存的假设。换句话说，现实已经发生变化，但它们的经营理论却没有随着现实的变化而变化。

在灵活应对个人计算机这个新现实之前，IBM也曾有过一夜之间突然改变公司基本战略的先例。1950年，作为当时全球领先的计算机公司，尤尼瓦克展示了第一台多用途计算机的原型机。在此之前，所有公司设计的都是单用途计算机。IBM早前推出的两台计算机（分别制造于20世纪30年代末和1946年）仅用于大规模运算。而IBM在1950年设计的、用于加拿大北极区半自动地面环境（SAGE）防空系统的计算机则只有一个目的：敌机的早期识别。很快，IBM就废止了开发高级单用途计算机的战略；随后，它将公司最优秀的工程师组织起来，完善尤尼瓦克的架构，并以此为蓝本，设计第一代可大规模生产的（非手工打造的）和可检修的多用途计算机。三年后，IBM成为全球首屈一指的计算机制造商和行业标准制定者。IBM不是计算机的发明创造者，但在1950年，靠着灵活性、速度和谦卑的态度，它一手缔造了计算机行业。

然而，1950年帮助IBM席卷计算机行业的那些假设，在30年后却导致了IBM的衰败。在20世纪70年代，IBM认为原本意义上的“计算机”会继续存在，就像它在50年代所做的假设一样。但个人计算机的出现，让这一假设失去了存在的基础。事实上，大型主机和个人计算机之间的关系，还不如发电站和电烤面包机之间的关系来得密切。虽然发电站和电烤面包机属于不同类别，但它们之间具有内在的依赖性和互补性。与之相对，大型主机和个人计算机却互为强劲对手。而且，从对信息的基本定义来看，它们实际上是相悖的：就大型主机而言，信息意味着内存；对简便的个人计算机而言，信息则意味着软件。建造发电站和生产电烤面包机必须分开，必须作为单独的企业来运营，但它们可以归属同一家公司。几十年来，通用电气就是这样做的。相比之下，大型主机和个人计算机则不太可能共存于同一家公司中。

IBM试图将两者结合起来。但由于个人计算机是公司增长最快的业务，所以IBM不可能把它归到大型主机业务之下。如此一来，它也就无法实现大型主机业务的优化。同时，由于大型主机业务仍是公司的“现金牛”，IBM也无法全力优化个人计算机业务。这最终让IBM陷入两难境地，动弹不得。究其原因，在于IBM坚持了错误的假设，认为计算机就是一台机器，或者更直白地说，计算机是一个以硬件为驱动的行业。

相比IBM，通用汽车的经营理论更强大、更成功，而正是基于这一理论，通用汽车成为世界上最大的、最赚钱的制造业组织。在整整70年的时间里，它没有遭遇过一次挫折，仅此一点，在商业史上也是绝无仅有的。通用汽车的经营理论就像一张严丝合缝的网，将它对市场和客户的假设同它对核心竞争力和组织结构的假设紧密结合在一起。

自20世纪20年代初以来，通用汽车就假设美国汽车市场在价值上是同质的，而细分市场则是按收入极为稳定的群体划分的。优质二手车的转售价是管理层唯一可控的自变量。较高的二手车交易价值有助于客户更新换代，购买更高等级的新车。换句话说，也就是购买有着更高利润的车型。依照这一理论，频频改造车型或对车型进行重大改造，只会压低二手车的交易价。

在公司内部，这些市场假设同如何组织生产，以获取最大市场份额和最高利润的假设紧密相关。在通用汽车的案例中，答案是大规模量产汽车，但对每款车型只做很小的改造。这样一来，市场上就会出现最大数量的同款车型，而每辆车的固定成本则可以降至最低。

通用汽车的管理层将这些关于市场和生产的假设转化为半自治的事业部结构，每一个事业部都专注于一个收入细分市场，同时让每个事业部车型的最高定价与高级别车型的最低定价重合。这样一来，只要二手车的价格保持坚挺，那么几乎可以肯定，人们会选择购买更高等级的车。

70 年来，这一理论一直处于完美运行状态。即便是在大萧条的严重时期，通用汽车也没有出现亏损，而且市场份额还在稳步提升。但到 20 世纪 70 年代末，通用汽车关于市场和生产的假设开始失灵。那时的汽车市场正从收入细分向高度灵活多变的生活方式细分转变。在购车时，收入只是众多影响因素之一，而不再是唯一决定因素。与此同时，精益生产创造了小规模经济。相比于大规模生产同一产品，小批量生产不同类型的汽车，其成本更低、利润更高。

对此，通用汽车并非不知情：它完全知道，只是不相信而已。（通用汽车的工会至今仍不相信。）不过，通用汽车还是采取了一些补救措施。它继续维持了以收入细分为基础的事业部结构，但增加了一项新要求，即每个事业部要提供“可满足客户不同价位需求的汽车”。它试图以自动化的大规模量产来对抗基于精益生产的小规模经济（在此过程中，通用汽车亏损了 300 亿美元）。同人们的普遍看法不同，通用汽车在补救过程中并未掉以轻心，而是投入了巨大的人力、物力、财力和时间成本。但那些补救措施，却让公司的客户、经销商、雇员和管理层更加困惑。在此期间，通用汽车还忽视了公司真正增长的市场——一向处于领先位置且地位难以撼动的轻型卡车和小型货车市场。

经营理论包含三个部分。

第一，关于组织所处环境的假设：社会及其结构、市场、客户和技术。

第二，关于组织具体使命的假设。在“一战”期间及战后的几年里，西尔斯（Sears）将自己的使命定义为服务美国家庭的明智的采购者。10 年后，英国的玛莎百货（Marks and Spencer）将自己的使命定义为率先转型成为无阶级差别的零售商，做英国社会的变革推动者。同样是在“一战”期间及战后一段时间，美国电话电报公司（AT&T）将自己的角色定义为确保美国的每一个家庭和每一家企业都用上电话。一个组织的使命不见得一定要如此雄心勃勃。通用汽车为自己定义的使命就谦卑得多，用斯隆的话说，就是成为“地面机动运输设备的领导者”。

第三，关于组织为完成使命所应具备的核心竞争力的假设。比如，创建于 1802 年的西点军校将自己的核心竞争力定义为培养值得信赖的领导者的能力。1930 年左右，玛莎百货将自己的核心竞争力定义为识别、设计和开发所售商品的能力，而不仅仅是采购和销售商品的能力。1920 年左右，美国电话电报公司将自己的核心竞争力定义为技术领导力，在致力于提升公司服务水平的同时，稳步降低服务费率。

对环境的假设定义了组织靠什么盈利。对使命的假设定义了组织所认为的有意义的成果。换句话说，这些假设指向的是，组织所设想的它对经济乃至整个社会产生的影响力。最后，对核心竞争力的假设则定义了组织为维持领导地位所应具备的优势。

当然，所有这些听起来似乎都很简单，但通常而言，组织需要多年的努力、思考和试验才能形成一套内容清晰的、一致的和行之有效的经营理论。这样的理论对组织的成功来说至关重要。

行之有效的经营理论应具备哪些规范性特征呢？具体来说，有以下 4 点：

第一，关于环境、使命和核心竞争力的假设必须符合现实。20 世纪 20 年代初，英国曼彻斯特的 4 个穷小子——西蒙 · 马克斯以及他的三个连襟——认为，普通的平价商店应该会成为社会变革的催化剂。彼时，“一战”已经深刻动摇了这个国家的阶级结构；战争还创造了数量庞大的新兴消费者，他们喜欢购买物美价廉的时髦产品，比如贴身内衣、女式衬衫和长筒袜等，而这些正是玛莎百货早期最畅销的产品类别。随后，玛莎百货开始系统地开发全新的、前所未闻的核心竞争力。在那之前，商家的核心竞争力是出色的采购能力。玛莎百货认为，真正了解顾客的是商家而不是制造商。所以，商家应该负责产品的设计和开发，然后再找工厂按其设计、规格和成本进行生产。玛莎百货用了 5~8 年的时间才让传统供应商接受这一关于商家的新定义。此前，这些供应商一直视自己为制造商，而不是分包商。

第二，关于环境、使命和核心竞争力的三个假设必须彼此适配。

这或许是通用汽车数十年称霸市场的最强武器。它对市场的假设和对最优制造流程的假设是完美契合的。20 世纪 20 年代中期，通用汽车就认识到它需要打造新的、前所未闻的核心竞争力：对制造流程的财务控制和资本配置理论。结果，通用汽车率先引入现代成本会计与理性的资本配置流程。

第三，组织内部必须都知道并理解该经营理论。在组织发展初期，这一点很容易做到。但在发展壮大、走向成功之后，一个组织往往就会把它的经营理论视为理所当然，对其重视程度也会越来越低。再之后，它会变本加厉，开始抄近路，投机取巧；开始求方便而不再求正确；开始停止思考；开始停止质疑。它记得答案，却忘记了问题。经营理论转变为文化，但文化代替不了纪律，而经营理论就是一项纪律。

第四，经营理论必须持续接受检验。经营理论不是刻在石板上的，不是一成不变的，它是一种假设，是关于持续变化的事物的假设，这包括社会及其结构、市场、客户和技术等。因此，经营理论必须具备自我改变的能力。

有的经营理论具有强大的力量，可以沿用很长时间。但作为人类的创造物，它们不可能永远奏效，特别是现在，能长期沿用的经营理论已经非常罕见。最终，每一种理论都会过时，然后失效。20

世纪 20 年代那些伟大的美国企业所赖以生存发展的经营理论就是这样，比如通用汽车、AT&T 和 IBM 等企业。很明显，现在的德意志银行也遇到了这一问题，它所秉持的全能银行的理论已经过时了。另外，日本正迅速瓦解的企业集团也遭遇了同样的问题。

当一个组织发现它的经营理论日渐过时时，它的第一个反应几乎都是防御性的，而通常的做法就是把头埋进沙丘，假装什么都没有发生。第二个反应是试图补救，比如 20 世纪 80 年代初的通用汽车或现在的德意志银行。事实上，当那些以德意志银行为企业“内部银行”的德国大企业接连出现完全意想不到的危机时，就说明该银行的经营理论已经失灵了。也就是说，德意志银行已无法履行它最初设定的职责：帮助现代公司开展有效治理。

然而，在原有体系上打补丁的做法永远不会奏效。相反，当一种理论出现过时的苗头时，就该重新思考它了，同时也要再次发问，哪些关于环境、使命和核心竞争力的假设最能准确反映现实。但有一点要谨记，即那些我们传承下来的假设，那些伴随我们所有人成长的假设，已经无法适应当前的现实了。

那么，组织需要做什么呢？首先是采取预防性措施。也就是说，在组织内建立一套体系，对经营理论进行系统的监测和测试。其次是早期诊断。最后是对已经开始失灵的理论进行反思，并采取有效

行动改变组织的政策和实务，让组织的行为符合其所处环境的新现实，符合新的使命定义，符合有待发展和获取的新的核心能力。

预防性措施。预防措施只有两种，但如果坚持运用，就能做到既可以让组织保持警觉，也可以让组织迅速行动起来，改变自我和以往的经营理论。第一种措施，我称之为“放弃”。每隔三年，组织都应对所有的产品、服务、政策和分销渠道发起质疑和挑战，并自问：如果我们还没有这样的产品、服务、政策或分销渠道，现在会开发这样的产品和服务，制定这样的政策或建立这样的渠道吗？通过质疑既定的政策和惯例，组织会迫使自己去思考已有的经营理论，会迫使自己去测试各种假设。同时，它还会迫使组织自问：5 年前我们进入这个领域时，前景看起来一片光明，为什么现在就走不通为了呢？是不是因为我们犯了错误？是不是因为我们做错了事情？或者，我们做对了事情，但没有起到效果？

如果不进行有系统的、有目的的放弃，那么一个组织就会被各类事件淹没。它会把最好的资源用到本不应该做的事情或不再应该做的事情上。这样一来，当市场、技术和核心竞争力发生变化时，当新的机会出现时，它就会面临资源匮乏的窘境，尤其是在优秀人才方面。换句话说，如果一个组织的经营理论过时了，那么它将无法以一种建设性的方式应对新的机会。

第二种措施是研究企业外部的现状，特别是要研究非客户。几年前，“走动式管理”（walk-around management）开始变得流行起来。这很重要，而尽可能多地了解客户也同样重要。顺便说一句，这或许是信息技术进步最快的领域。但根本性变化的最初迹象极少出现在组织内部，也极少出现在自己的客户群中。几乎无一例外，最初迹象都出现在非客户群中。非客户的数量总是超过客户的数量。以零售巨头沃尔玛为例，它占美国消费品市场份额的 14%，也就是说，另外 86%的市场还不属于它。

从最近看，关于非客户群体重要性的最佳例子，其实是美国的百货商店。在大约 20 年前的鼎盛时期，百货商店占据了美国非食品零售市场份额的 30%。它们不断开展客户调查研究，关注客户的一举一动，却忽视了另外 70%的非客户群。而且，它们也认为自己没有理由关注这个群体。按照它们的经营理论的假设，那些有钱逛百货商店的人，大部分都已经来了。放到 50 年前，这样的假设是符合现实的。但随着婴儿潮一代步入成年，这个假设就失灵了。对婴儿潮一代的主导群体，也就是双薪家庭中受过教育的职业女性来说，决定她们去哪里购物的并不是钱，时间才是她们最主要的考量因素。这类女性实际上没有时间去百货商店购物。但由于百货商店只关注自己的客户，所以直到几年前它们才意识到这种变化。但那时，它们的业务已经开始枯竭了，要想重新挽回婴儿潮一代为时已晚。百货商店在这次惨痛教训中学到，以客户为驱动固然重要，但仅此一点还不够；一个组织还必须以市场为驱动。

早期诊断。为尽早诊断问题，经理人必须注意预警信号。组织的最初目标一旦达成，它的经营理论也就过时了。因此，目标的达成不是庆祝的理由，而是再次思考的起点。在 20 世纪 50 年代中期，AT&T 完成了让美国每一个家庭和每一家企业都用上电话的使命。随后，有一些高管表示，现在该是重新评估公司的经营理论的时候了，比如将本地业务（该业务的目标已经达成）同正在增长的以及未来的业务拆分开，首先从长途电信业务开始，然后进军全球电信市场。但他们的声音并未得到公司的重视。几年后，AT&T 开始陷入困境，最后靠反托拉斯法才得到拯救。在政府下令之后，公司管理层才行动起来，做了他们之前不愿意做的事。

对组织的经营理论来说，快速发展是另外一个确定无疑的危机征兆。在相当短的时间内，如果一个组织的规模扩大了两三倍，那么它的经营理论必然跟不上这种步伐。即便在硅谷，人们也已经意识到，如果一家公司的规模大到人们必须穿戴名牌服饰时，那么举办啤酒派对将不再是合适的交流方式。这样的发展速度，将会对组织更深层次的假设、政策和习惯形成挑战。为继续保持健康运营乃至进一步发展，组织必须再次自问与环境、使命和核心竞争力有关的问题。

此外，还有两个明显信号可表明组织的经营理论已经失效。一是意想不到的成功，无论是组织自身的成功还是竞争对手的成功；二是意想不到的失败，同样事关组织自身或竞争对手。在日本进口汽车将美国底特律三大车厂逼入绝境之时，克莱斯勒却取得了令人意想不到的成功。在传统乘用车市场，克莱斯勒的萎缩速度甚至快于通用和福特，但它的吉普车以及意外开发的新型小货车的销量却大幅飙升。当时，通用汽车是美国轻型卡车市场的领导者，在产品设计和质量方面具有不可撼动的地位，但它完全忽略了轻型卡车的载客能力。毕竟，在传统统计上，小型货车和轻型卡车一直都被归入商用车而不是乘用车类别，虽然现在它们大都被当作乘用车使用。但如果稍加留意这个实力不如自己的竞争对手的成功，通用汽车可能很容易就会意识到，自己早前关于市场和核心竞争力的假设已经失效了。自打一开始，小型货车和轻型卡车就不属于收入阶层市场，且基本不会受到换购价格的影响。值得玩味的是，早在 15 年前，通用汽车就已经在轻型卡车部门实施了我们现在所称的精益制造，并取得了长足发展。

意想不到的失败同意想不到的成功一样，都是警觉信号，就像 60 岁的老人初次遭遇“轻微”的心脏病一样，应该认真对待。在 60 年前的大萧条时期，西尔斯认为汽车保险已经成为一种附加品，而不再是一种金融产品，所以销售该类产品将符合公司使命，即做服务美国家庭的明智的采购者。所有人都觉得西尔斯疯了。但几乎从一开始，汽车保险就成为西尔斯最赚钱的产品。20 年后的 20 世纪 50 年代，西尔斯认为钻戒已经成为必需品而不再是奢侈品，并由此成为世界上最大也可能是最赚钱的钻石零售商。基于同样的逻辑，西尔斯在 1981 年时认为，投资产品已经成为美国家庭的消费品。于是，它买下了添惠公司（Dean Witter），并将该公司的办公室搬到了西尔斯店内。这是一个彻底的灾难之举。美国公众显然不认为他们的金融需求是消费品。最终，西尔斯放弃了这种做法，将添惠公司搬离西尔斯店，并作为独立业务运营。之后，添惠公司立即迸发出了活力，又开始蓬勃增长。1992 年，获利丰厚的西尔斯出售了添惠公司。

如果西尔斯将此次失败——成为美国家庭投资的供应商——视为其经营理论的失败而不是孤立事件，那么它可能提早 10 年就进行改组并调整自身定位了。要知道，那时的西尔斯仍占据着强大的市场领导地位。就像杰西潘尼（J.C. Penney）和其他多家竞争对手一样，西尔斯可能会因这次失败而对市场同质化这一概念提出质疑，而这个概念恰恰是西尔斯和其他大型零售商多年来制定战略的依据。

解决办法。以往，我们寻找持有魔杖的奇迹创造者，寄希望于他拯救病入膏肓的组织。然而，建立、维护和修复经营理论并不需要成吉思汗或列奥纳多·达·芬奇式的人物担任组织的领导者。这与天赋无关，它需要的是辛勤付出；这与聪明无关，它需要的是审慎决策。这是首席执行官的职责所在。

事实上，成功改变组织经营理论的首席执行官并不在少数。比如，默克公司的一位首席执行官，先前仅仅专注于研发高利润的突破性专利药物，一举使得公司成为世界上最成功的制药企业，但在并购了一家经销仿制药和非处方药的大型公司之后，彻底改变了默克的经营理论。在他采取这一举措时，默克并没有遭遇“危机”，至少从表面看，当时公司的业务还是非常出色的。同样，在几年前，作为世界上最知名的消费电子硬件制造商，索尼在新任首席执行官的带领下也改变了自己的经营理论。这位首席执行官先是收购了好莱坞的一家电影制作公司，然后基于这次收购，将索尼从一家开发软件的硬件制造商转变成为一家为硬件创造市场需求的软件开发商。

每一位奇迹创造者都对应着更多数量的同样能干但未能扭转乾坤的首席执行官。我们不能仅仅指望奇迹创造者来重振组织过时的经营理论，就像我们不能指望他们治好其他类型的重症一样。而在与那些堪称奇迹创造者的首席执行官交谈时，他们极力否认奇迹的创造源于自己的超凡魅力、远见，或就此奇迹而言，是他们有手到病除的魔力。事实上，他们是从诊断和分析做起的。他们认为，在目标达成或组织快速成长时，需要以一种严肃的态度对经营理论进行重新思考。他们不会把意想不到的失败归咎于下属的无能或将其作为突发事件，而是把它视为“系统失败”的一个征兆。他们不会把意想不到的成功揽到自己身上，而是把它视为对组织假设的一种挑战。

他们认为，经营理论的过时是一种退行性疾病，实际上也是一种危及生命的重症。他们知道并相信外科手术必须经时间检验的原则，即有效决策的最古老原则：退行性疾病不会因拖延而痊愈，它需要果断的行动。

（首次发表于《哈佛商业评论》1994 年 9—10 月刊）

第三章

提升企业效能

富有成效的企业经理人会从机会、产品成本、员工贡献和“成本流”等方面分析事实；对当前和未来的资源配置进行分析，并依据预期结果配置资源；对最有可能产生机会和成果的领域予以优先考虑。在配置资源尤其是人力资源时，最有前景领域的需求必须优先给予满足。

企业经理人的首要职责以及持续肩负的责任是什么？答案是：基于当前使用的或可用的资源，努力实现最佳经济成果。企业经理人期望去做的或者想要去做的其他所有一切，都依赖于未来几年里良好的经营绩效和盈利结果。即便是崇高的管理任务，如企业社会责任和文化机会的评估等，也不能免于这个预设前提。而总的来说，经理人自身的回报——金钱和职位——也无法免于这个预设前提。

因此，企业高管无一例外都把大量时间乃至所有时间用在了短期经营绩效的问题上。他们关注成本和定价，关注时间计划和销售，关注质量控制和客户服务，关注采购和培训，等等。再者，现代经理人可用的大量工具和技术，在很大程度上是为了管理当前的业务，以期实现当前与未来的经营绩效。在商业图书馆中，90%的书讲的都是这个主题；而在企业中，保守地说，90%的报告和研究也都与这个主题有关。

丢掉陈词滥调

尽管付出了这么多的努力，但在我认识的经理人中，极少有人非常满意自己在这方面的工作表现。他们想知道如何围绕任务组织和开展工作，如何把重要的事情同浪费时间的事情区分开来，以及如何把潜在有效的事情同只会产生挫败感的事情区分开来。时下，尽管各种数据和报告大有淹没经理人之势，但他从中得到的也只是一个模糊的大概情况。诸如，“低成本”或“高利润率”之类的陈词滥调被用于回答这样一个问题：在我当前所任职的这家企业，真正决定经营绩效和经营成果的是什么？

即便是在卖方市场的繁荣时期，对经营绩效的管理往往也是经理人不断受挫的根源。而一旦恢复正常，市场再次进入竞争状态之后，经济表现往往会让经理人产生困惑、压力和焦虑，以至他们认为所做决策极有可能是不正确的，甚至无益于短期成果，更不用说是公司的未来了。①

我们所需要的并不是更多或更好的工具，毕竟，我们所拥有的工具已经足够任何一家企业使用了，更不用说是经理人了。我们所

① J.罗杰·莫里森和理查德·F.纽舍尔在《利润的二次挤压》(The Second Squeeze on Profits)一文中对此有过明确论述，参见《哈佛商业评论》，1962年7—8月刊，第49页；路易斯·E.纽曼和西德尼·布鲁内尔在《不同的美元》一文中也阐述过这个问题，参见《哈佛商业评论》，1962年7—8月刊，第74页。

需要的是简单的概念或者说粗略的经验法则。通过解答如下问题，它们能帮助我们更好地组织和安排工作：

- 经理人的职责是什么？
- 经理人职责中的主要问题是什么？
- 定义和分析该问题的原则是什么？

搞错重点

我不会在这里给出什么成熟的管理经济学，因为我根本就没有；我更不会给出什么神奇公式，比如帮助经理人做事的核查清单或程序等。对经理人来说，他的职责就是工作——努力，严格要求，承担风险。虽然现在已经有了很多可以节省劳动的机器，但还没有人发明可以“节省工作”的机器，更不用说可以“节省思考”的机器了。

– 观点概述 –

富有成效的企业经理人是指那些可通过现有资源实现最佳经济成果的人。在实际的商业环境中，对经理人来说，如下主要步骤被证明是非常有效的：

（1）从机会、产品成本、员工贡献和成本流等方面分析事实；

（2）分析当前和未来的资源配置，并依据预期结果配置资源；

（3）优先考虑最有可能产生机会和成果的领域内的决策。

但我在这里要讲的是，我们已经知道如何组织经营绩效的管理工作，以及如何按照既定方向和预期结果做好这方面的工作。上述三个关键问题的答案已经有了，而且早就有了，任何人都不应该对此感到惊讶。

1. **经理人的职责是什么？**经理人的职责就是把企业的资源和努力导向可实现显著经济成果的机会。这听起来颇为老套——是的，没错。但我见过的或做过的与企业实际资源配置和努力有关的分析无不清楚表明，大量的时间、工作、精力和金钱首先投向的是“问题”而不是机会，其次投向的是那些即便取得不凡的成功对经济成果的影响也微乎其微的领域。
2. **主要问题是什么？**从根本上讲，职责的主要问题就是把“做正确的事情”与“把事情做正确”之间的效能和效率混淆了。做根本不该做的事情，效率再高也无意义，这是确定无疑的。然而，我们的工具，尤其是我们的会计概念和数据，无一不专注于效率。我们所需要的是两种方式：一种是可以确定效能领域的方式，即找出有可能产生显著成果的领域；一种是可以让企业专注于效能领域的方法。

3. **原则是什么？**这也是众所周知的，至少作为一个一般命题来说是这样。商业企业是一种社会现象，而不是自然现象。然而，在社会情境中，事件并不是按照自然世界的“正态分布”法则分布的，也就是说，它们并不是按照高斯曲线（Gaussian curve）分布的。在社会情境中，较少数量的事件——10%~20%，最多20%——共同创造了90%的结果，而绝大多数的事件合在一起，则只创造了10%乃至更少的结果。

市场就是这样：在成千上万的客户中，少数客户下的订单占了总订单的主要部分；在数以百计的产品品类中，少数产品的销售额占了总销售额的主要部分。类似的情况还有很多，市场、最终用途和分销渠道等莫不如此。在销售领域：在数百人的销售队伍中，少数销售人员开拓了2/3乃至更多的新业务量。在工厂环境：少数生产运行时段的产量占了总产量的大多数。在研究领域：在实验室里，几乎所有重要的创新成果都是由少数科研人员取得的。

此外，它也适用于几乎所有的人事问题：大多数的不满总是来自少数地方或某一类雇员群体，比如大龄未婚女性或上夜班的清洁工等；大多数的缺勤、大多数的人员流动、大多数的建议，以及大多数的事故，也是一样。纽约电话公司的研究表明，连雇员生病也不例外。

收入与成本

很少有企业人士能深刻认识到这个有关正态分布的简单陈述对企业管理的重要性。它意味着：90%的成果来自10%的事件，而90%的成本增加则来自剩余的、产生成果较少的90%的事件。

换句话说，成本也是一种社会现象。用数学语言来讲，企业事件的正态分布曲线是一条双曲线，成果分布在该曲线的上半部分，成本分布在该曲线的下半部分。成果和成本呈反向关系。

用大家通用的语言来表述就是：经营成果和收入成正比，成本和交易数量也成正比。唯一的例外就是直接进入最终产品的外购原材料和零部件。比如：

- 一般来说，获取一个5万美元订单的成本，不会比获取一个500美元订单的成本高多少；就获取成本而言，前者当然不会是后者的100倍。

- 就成本而言，设计一款销售不佳的新产品与设计一款畅销产品是一样昂贵的。
- 在文书工作上，处理一个小订单和处理一个大订单的工作量是一样的，同样涉及订单输入、订单生产、进度安排、计价和收款等环节。
- 一般来说，在产品生产、包装和运输等方面，小订单和大订单的成本也是一样的。时下，在大多数制造业（以及所有的服务业），人工成本在任一时期内都是固定的，不会因为量的不同而上下浮动。只有外购原材料和零部件是真正意义上的可变成本。

此外，这里还隐含着一层意思，即“一般来说”，收入和付出会自行配置到那些占比90%而且实际上并不产生任何成果的事件中。在这种自行配置中，它们依据的是事件的数量而不是成果。事实上，最昂贵的、潜在的且最富有成效的资源（也就是高技能人才）的错配最严重。这是因为，人们向来以解决难题为傲，而无论这些难题是否富有成效。这种心态进一步强化了那些90%的交易事件所产生的成本压力。

每一项研究都证明了这一点；换句话说，无论是原则还是实际经验都支持这一点。我们来看下面几个例子：

- 某大型工程公司拥有一支高质量且有着良好声誉的技术服务团队，并引以为豪。该团队有数百名薪酬很高的成员，事实上，他们也都是一流的人才。但从配置分析的结果来看，虽然他们在工作中很努力，但取得的成效却很小。他们大多专注于“有趣”的问题，尤其是那些与极少数客户有关的问题，而这些问题，即便是解决了，也只会产生极少量的业务，甚至不会产生任何业务。作为该公司的主要客户，汽车业采购了该公司近1/3的产品和服务。但在所有人的记忆中，却极少有技术服务人员去过汽车公司的工程部或工厂。“通用汽车和福特不需要我们，它们有自己的技术团队。”这就是该公司对这一问题的回应。
- 同样，很多公司的销售人员也是错配的。在销售团队中，绝大多数销售人员（特别是那些最具成效的销售人员）往往会被安排去负责那些难以销售的产品，而这些产品要么是过时的产品，要么是在竞争中失败的产品，但因虚荣心作祟，管理层仍不遗余力地想把它们变成畅销产品。与之相对，面向未来的重要产品却只获得了极少的销售资源。在市场上已经大获成功的、理应全面推广的产品，往往也会被忽略。“毕竟，它不需要付出额外努力就已经卖得很好了。”这是普遍的结论。
- 在很多公司的研究部门、设计部门、市场开发部门乃至广告部门，也都存在着这种人员错配的情况。也就是说，人员的配备是按照交易而非成果来确定的，是按照工作难度而非成效来确定的，是按照已有的问题而非当前和未来的机会来确定的！

不可解释的会计现象

夸张一点讲，“收入资金”和“成本资金”并不自动等同于“资金流”。当然，收入会产生成本所需的资金。但除非管理层持续不断地将这些成本导向可产生收入的活动，否则它们往往会自行配置到不产生任何收入的活动中。

一般来说，经理人无法理解这一事实的主要原因，是他们把会计数据及分析同经济数据和商业分析混淆了。[①]会计人员必须把那些与某一特定生产单位无任何关联的成本分摊到所有产品上面。因而，时下成本的一大部分是以某种形式摊派下来的成本，而不是真正意义上的直接成本。这一大部分成本，即外购原材料和零部件之外的成本，占总成本的 60%~70%。

① J. 罗杰 · 莫里森和理查德 · F. 纽舍尔在《利润的二次挤压》一文中有论述，参见《哈佛商业评论》，1962 年 7—8 月刊，第 49 页；约翰 · 迪尔登在《小企业的利润规划会计》一文中也有论述，参见《哈佛商业评论》，1963 年 3—4 月刊，第 66 页。

对会计人员来说，现在唯一能分配成本的方式，就是按照销售额的比例而非交易数量的比例进行摊派。因此，产生了100万美元销售额的一个订单或一种产品，其所分摊的成本，与产生了100万美元销售额的100万个订单或50个不同的生产运行时段所分摊的成本是一样的。

同样，会计人员关心的是每单位产出的成本而非一件产品的成本。他关注的重点是利润率而非利润流（利润率乘以营业额）。而且，会计人员并不是按照成本所属的经济活动对成本进行分类，相反，他们是按照组织部门或地域位置（比如“制造”或“工厂”）对成本进行分类的，或者他们是按照法律或法律条文的类别对成本进行分类的（比如“工资名单”）。

对于会计理论和会计实务所涉及的这些问题以及其他相关问题的研究，我是非常清楚的。事实上，我对会计的所有了解，也都源于这些研究以及参与这些研究的会计人员。但这些研究的成果需要多年时间才会进入会计实务，而要想改变商业人士使用或错用会计数据的方式，就需要更长时间了。

步枪瞄准法

为什么我们无法得出正确的结论？比这个问题的答案更重要的是：什么是正确的结论？在企业可用资源的基础上，什么样的行动会实现最佳经济成果和最佳绩效？首先，让我们设定一些指导原则：

1. 经济成果的实现，需要经理人把他们的精力集中在可产生最大收入的最少数量产品、产品线、服务、客户、市场、分销渠道和最终用途等上面。经理人必须最大限度地减少对成本占比过高的产品的关注，因为它们的销售额太小或太过分散。
2. 经济成果的实现，也需要企业全体人员把精力集中到极少数能真正产生重大业务成果的活动上，而花在其他活动上的工作和精力则要尽可能地减少。
3. 有效的成本控制，同样需要企业将全体人员的工作和精力集中在极少数的领域，也就是成本绩效的改善会对业务表现和业务成果产生重大影响的领域。在这些领域，相对较小的效率提升就会大幅提升经济效能。
4. 经理人必须将资源尤其是高层次人力资源配置到可提供机会的活动中，以实现更高的经济成果。

不可原谅的浪费行为

一旦卖方市场结束，很多企业的业绩就会急转直下，这一点也不奇怪。要是它们的业绩不出现下滑，那才叫奇怪呢。因为大多数企业的运营方式，无论是美国的还是其他国家的，都完全违背了上面我刚刚阐述的那 4 条众所周知的指导原则。

产品非但没有出现集中，相反还呈现出扩散化趋势。还记得吗，早前曾广泛流行抨击产业界尤其是美国产业界的“僵化的标准化”？然后，就在几年前，又广泛流行抨击产业界的“计划报废”。要是这两项指控都成立就好了！

大多数企业都愿意且有能力提供可满足任何品类需求的任何“特制品”，并以此为傲；它们甚至还会主动刺激这类需求。这方面，美国的大企业可以说是做了最坏的榜样。而且，很多企业自豪地表示，它们从未主动放弃过任何一款产品。因此，大多数大企业的产品线上最终都会衍生出成千上万的产品品类，而真正畅销的品类加起来不到 20 种。然而，这 20 种乃至更少的产品品类，却必须贡献收入，以承担另外 9 999 种滞销品类的成本。

时下美国在世界经济中的竞争力的基本问题，其实很可能就出在这种产品的扩散化上。尽管美国国内的工资很高，税负很重，但如果合理安排成本，我们大多数产业的主要产品线都极具竞争力。但由于我们补贴数量庞大的“特制品”，其中仅有少量产品能真正收回成本，致使畅销产品的竞争力被侵蚀。至少，我在钢铁业和铝业看到的情况是这样的。在电子行业，日本便携式晶体管收音机的竞争优势集中在该产品线的少数几个机型上，而在美国，制造商的生产线上有着数量多到失控的机型，且各机型之间几无差别。

在人员活动方面，我们这个国家也存在着巨大浪费。我们的格言似乎是，“让我们每一件事都做一点点”。人事研究、先进工程、客户分析、国际经济、运营研究和公共关系等，无一不是如此。由此，我们建立起了数量庞大的员工队伍，却没有将足够精力集中在某一领域，以求达成更高目标。而且，对于这种状况，我们也不知道该做何补救。控制成本的普遍做法仍是人们所熟知的“全面削减”，比如 15%；这个做法不仅无效，而且还有可能产生破坏性。在资源管理和集中力量办大事方面，我们从未做过认真尝试，一切都是随波逐流。

三大步骤

批评是很容易的，任何人都可以挑毛病。比如，此时此刻，读者绝对有权利问：“我们怎样才能做好管理方面的工作呢？”对此，即便我有全部的答案（其实并没有），一篇文章也不够我给出满意的答复，这需要写一本书。即便如此，每一家公司也还是需要找到最适合自己的方法。

所以，如果读者还有耐心，我会在这里给出一个三步走的步骤——当然只是做最简单的表述。在实际的企业环境中，我发现这些步骤非常高效，至少可以作为初步战略。具体操作如下：

步骤 1：分析。经理人必须了解和掌握事实。他需要确认：

- 产品的机会与真实成本。
- 不同的人员活动的潜在贡献。
- 具有重大经济意义的成本中心。

步骤 2：配置。经理人必须按照预期成果配置资源。为此，他需要知道：

- 现在资源是如何配置的。
- 将来资源应该如何配置，以支持具有最大获利机会的活动。
- 从当前的状况走向该有的状况，需要采取哪些必要措施。

步骤 3：决策。经理人必须做好准备，以踏出最痛苦的一步：确定哪些产品、人员活动或成本领域会导致产品扩散化，而不是带来机会和成果。显然，任何重要的或具有潜力的生产性资源都不应配置到这些地方。但哪些应该完全放弃？哪些应该维持下去，但要把投入降到最低？哪些应该转变成重大机会，以及这种转变的成本是多少？对于这些问题，经理人必须做到心知肚明。

事实分析

在分析阶段，首要工作就是冷静审视产品线。对于每一种产品，所有标准问题都应提出来：销售额、市场地位和市场前景等。不过，这里还有新的关键问题：这一产品有什么贡献？其收入与真实成本之间的对比关系是怎样的？

在该分析中，收入应定义为总销售额减去外购原材料和供应品的成本。而真实成本应根据下面这个（最可能的）假设去估算：产品的真实成本是某一比例的业务总成本减去外购原材料和零部件的成本，而这个业务总成本的比例，对应的是实现产品收入所需的交易数量（订单、生产运行时段、服务请求等）与业务中类似交易的总数量的比率。这个解释烦冗复杂，下面让我举一个具体的例子。

在剔除外购原材料和零部件的成本之后，某公司的年收入为 6 800 万美元。业务总成本为 5 600 万美元，其中不包括外购原材料和零部件的成本。

产品 A 的年收入为 1 200 万美元，但它的订单笔数却占了交易总数量的 24%——以发货单为衡量标准。因此，经计算后，它的真实成本为一年 1 350 万美元，这就意味着它的收入贡献是负的，与官方会计数据所显示的近 12% 的利润率形成鲜明对比。（顺带说一句，这种情况在“过时的产品”上极为常见，而这些产品要么已经失去了主要客户，要么是企业以非经济的方式使之继续留在市场。）

相比之下，产品B的利润率尽管不太令人满意——仅为3%，但它的净收入贡献却达到了近400万美元。按各产品的利润贡献来看，它是排在第一位的。这一贡献源于少数重要客户（约50家）的大订单。

正如上面的例子所示，该分析查看的是企业的所有产品，而不是一次只查看一种产品。这不是一种寻常的做法，也极少有企业这样做。

一般来说，产品细分是最重要也最能揭示事实的分析方法，但对于客户、市场、分销渠道和最终用途，企业也应依照它们当前和预期的贡献做类似分析。

员工贡献

该分析中所提的问题需要运用管理层的判断，而不是依据经济数据作答。下面这个问题清单，我认为相当实用：

- 哪些领域的卓越表现会对我们企业的经济成果产生重大影响，甚至还有可能让整个企业的经营绩效大为改观？
- 哪些领域的不佳表现有可能会对经营绩效产生严重，或者至少是显著的损害？
- 在哪些领域，无论我们表现好还是坏，都不会造成明显差别？

- 在该领域开展的工作取得了哪些成果？这些成果与所承诺的成果或预期的成果相比如何？
- 在现实角度讲，未来可期的成果是什么，以及这个未来距离现在有多远。

成本中心

这里的目标是，将那些只需集中精力控制成本就会取得回报的业务领域隔离起来。在此，我不想描述用以开展该项分析的方法。我将展示一项实际研究成果，该研究成果是由一家全国性消费品生产企业开展的（见图 1）。为便于表述，各成本中心的数字是用绝对数字来表示的，不过取的是近似值。比如，在这项研究中，总成本比例介于 90%~94% 之间，而其他数字的范围则没有那么极端。

就该生产企业所采用的方法而言，唯一创新之处就是它把成本定义为客户购买产品所支出的费用（在谈论经济学时，必须给出成本的相关定义）。换句话说，该分析将整个经济过程视为一个成本流，并忽视了会计人员所受的限制，即只考虑企业法律实体内发生的成本。

至于成果，这一案例给出的结论是显而易见的：就大多数企业

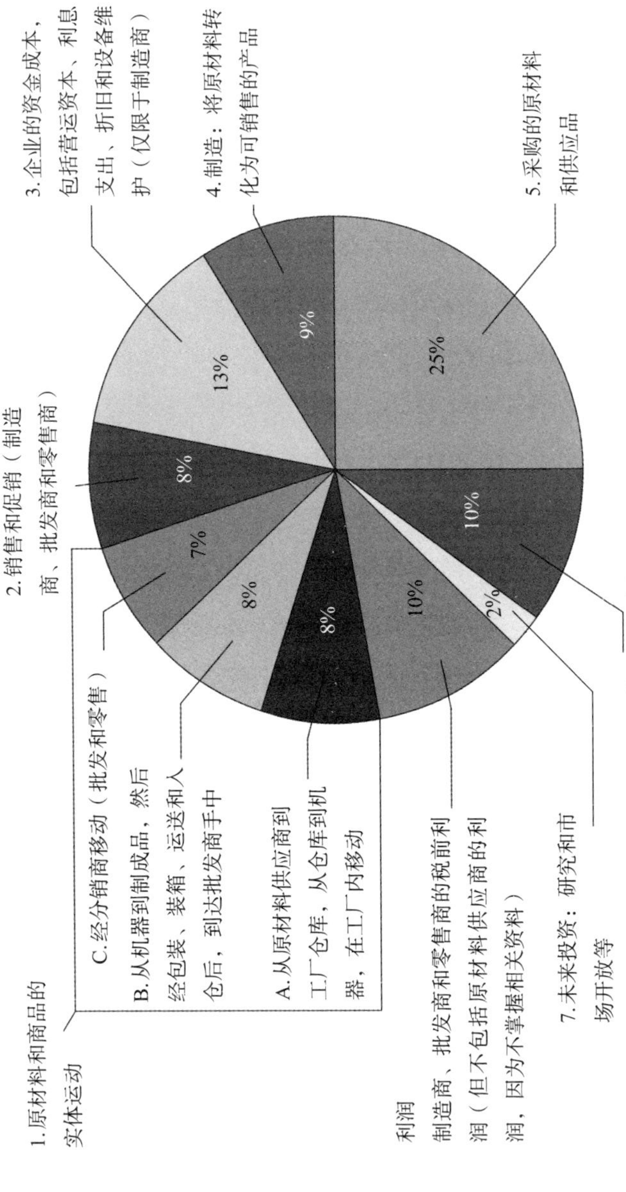

图1 消费者的钱去了哪里？

而言，它们集中精力控制成本的地方（比如制造部门），除非有了真正意义上的“突破”（比如采取了完全不同的工艺），否则将很难取得成效。那些潜在的最富有成效的成本中心，要么在企业之外（比如处于分销领域），且需采取完全有别于一般例行性做法的成本降低法，要么是管理层极难看到的地方（比如资金成本）。

该有的状况

接下来的实际步骤是对当前状况进行分析，了解资源是如何配置到产品线、人员支持活动和成本中心的。当然，这一分析必须是定性和定量的，因为数字本身并不能回答下面这些问题：

- 广告和促销费用是否花在了正确的产品上？
- 资本设备配置是否符合对公司未来需求的现实预期？
- 公司的配置安排是否有利于支持最优秀人才以及他们的活动？
- 这些最优秀的人才是被委以重任、从事专职工作，还是承担了太多任务，以致无法做好其中任何一项工作？

这些问题的答案常常令人不快，而亟须考虑的补救措施同样让人头痛。因此，从配置阶段转向决策阶段，往往需要勇气。

优先级决策

这里只有一条适用规则，具体来说就是：在下一个有希望的领域得到任何资源之前，应全力支持在机会和成果方面最有潜力的领域，要给予其最全面的资源支持，无论是在数量上还是在质量上。

在一个领域内，最艰难的和最具风险的决策往往与产品有关，因为这类决策的选项通常很模糊，也很复杂。比如，产品往往会自行归为6组——2组具有较高贡献潜力，3组具有较低贡献潜力或贡献潜力为负，1组居于两者之间。比较典型的细分情况是这样的：

- 未来的支柱产品：新产品，或是经改良、改进的当前支柱产品（当前支柱产品保持不变的情况极为罕见）。
- 当前支柱产品：过去的创新。
- 若采取重大变革，则有可能转化为净贡献者的产品。比如，把功用有限的“特制品”及其变种产品的许多买家转变为新的、大规模的常规产品的客户（此即居于中间一组的产品）。
- 过去的支柱产品：通常是具有较高销售额的产品，但扩散化严重，包含众多“特制品”，以小额订单为主，同时还需要给予重大支持，以致成本超支，甚至远超收入。不过，这类产品——跟接下来的那一类产品差不多——通常会被配置最多的、最好的资源（“防御性研究”就是一个常见的例子）。

- 竞争失败的产品：通常是过去被寄予厚望的产品，但销量不佳，不过也没有彻底失败。它们的收入贡献总是负的，而且无论投入多少资源，都不可能取得成功。但由于这类产品涉及太多的自尊——管理上和技术上的——往往难以舍弃。
- 彻底失败的产品：这类产品极少会成为真正的问题，因为它们通常会被清算出局。

这一排名表明了决策应遵循的路线。首先，第一类产品应该给予必要的资源支持，且要尽可能地多给予一点。其次，当前的支柱产品应该获得支持。但即便是人才济济的公司，也必须从资源配置开始。在那些有可能成为主要贡献者的产品中，只应支持那些最有可能改造成功的产品或改造成功后会做出卓越贡献的产品。

而从这里开始，即便是规模最大、管理最完善和赚钱最多的公司，通常也没有高潜力的资源可用了。对于第三类产品中的后半部分产品，以及第四、第五和第六类产品，不应再投入新的资源和努力，或者让它们自行消亡。比如，过去的支柱产品通常会产生可观的财务收入，而且未来几年还会继续保持着高收益率。但对于已经开始走下坡路的产品，如果企业仍对它抱有期望，仍为它投入大量资金，那是相当愚蠢的。

至于那些“竞争失败的产品”，在经过了四五年的尝试和努力之后，若仍处于不起眼的位置，且业绩表现远低于预期，那也应该放弃。对企业来说，没有什么比“差一点就成功”的产品更能浪费资源了。如果公司中的每一个人都认为，从质量、设计或从成本和生产难度方面看（工程师通常所称的“品质”）应该受到重视的产品都有成功的资格，那么资源浪费就更不可避免了。

在有关“怎么做”的要求中，这是最后也是最重要的一部分：要有将合乎逻辑的决策实施到底的勇气，尽管这中间会遇到各方请求，比如希望再给这种产品或那种产品一个机会，或者遇到各种似是而非的理由，比如会计人员说“它会分摊间接费用”，或销售经理说“我们需要一条完整的产品线”，等等。（当然，并非所有理由都是毫无根据的，但提供证据的责任在于提出请求的人。）如果有某种程序或核查清单可用来培养管理勇气，那自然再好不过了，但很可惜，据我所知，这样的程序或核查清单并不存在。

小 结

我在本文中概述的是经理人的实际工作。也就是说，他需要按照行动计划、分析方法，以及所掌握的工具，系统解决企业效能的提升问题。

每家公司要做的事情看起来可能不太一样，但有一个基本事实总是存在：企业的每一种产品或每一种活动，自生产或发起之时就已开始走向过时。因此，对于每一种产品、运营或活动，企业应该每隔两三年进行一次检视和评估。检视和评估方式，要像那些旨在发起新产品、新运营或新活动的建议一样，其中也包括配套的预算和资本拨款等。对于已发起的产品、运营或活动，都应问这样一个问题："如果我们尚未进入该领域，那么现在我们还会进入吗？"如果答案是否定的，那么接下来的问题应该是："我们如何退出这一领域，以多快的速度退出？"

经理人工作的最终产品是决策和行动，而不是知识和洞见。最重要的决策是各种资源的配置。无论这一过程多么痛苦，经理人都应坚持一个原则：在配置资源尤其是高潜力的人力资源时，最有前景的领域的需求必须优先给予最大限度的满足。如果这意味着其他很多事情——很好但并非至关重要的事情——将无法获得真正意义上的生产性资源，那么最好或者更好的做法就是放弃这些用途；千万不要把高潜力的资源或努力用到那些成果潜力很低的领域。这需要做出痛苦的决策，而且充满风险。但不要忘了，这就是经理人的职责所在。

（首次发表于《哈佛商业评论》1963 年 5—6 月刊）

第四章

卓有成效的决策

卓有成效的决策需要一个明确的步骤序列。这个序列包括：识别问题，即这个问题是一般性的还是独一无二的；定义问题的方方面面；给出明确的规范说明；决定“什么是正确的”，而不是“什么是可接受的”；将行动纳入决策之中；利用反馈测试决策的效力，关键在于具体问题具体分析。

卓有成效的管理者不会做很多决策。他们会把精力集中在重要的事情上：他们致力于在概念理解的最高层面做少量重要决策，他们致力于找出情境中的常量，致力于思考其中的战略性和一般性问题，而不是致力于解决问题。因此，他们并不是特别在意决策的速度；相反，他们认为精于操纵各种变量是思考草率的一种表现。他们想知道决策的所有相关事宜，以及决策所必须满足的基本现实条件。他们需要的是决策的影响力，而不是决策的技巧。他们需要的是健全的决策，而不是取巧的决策。

卓有成效的管理者会就具体问题做具体分析，知道什么时候一项决策必须依据原则做出，什么时候一项决策必须从务实角度出发。他们知道，最棘手的决策是那些需要在正确和错误之间做出妥协的决策，而且他们知道何为正确的妥协、何为错误的妥协。他们知道，决策流程中最耗时的步骤并不是做决策，而是将所做的决策付诸实施。对于一项决策而言，除非它已经落实到工作之中，否则就不是决策，充其量只能算一种良好的愿望。也就是说，虽然卓有成效的决策是建立在概念理解的最高层面上的，但也要尽可能地确保行动承诺在决策执行者的能力范围之内。最重要的是，卓有成效的管理者知道，决策有其自身的系统化流程和定义明确的要素。

有序步骤

决策要素本身并不会“做出”决策。事实上，每一项决策都是带有风险的判断。但除非这些要素成为决策流程的进身之阶，否则管理者将不会达成正确的决策，更不用说卓有成效的决策了。因此，在本文中，我将描述决策流程所涉及的步骤序列。

1. **问题分类。**是一般性问题吗？是特殊的、独一无二的问题吗？是首次出现的、缺乏相应规则的一类新问题吗？
2. **定义问题。**我们要处理的是什么？
3. **规范问题的答案。**决策的“边界条件”是什么？
4. **决定“什么是正确的”，而不是“什么是可接受的”。**首要的一点是搞清楚怎样才能全面满足一项决策的边界条件，而在此之前，暂不考虑妥协、调整和让步的问题，暂不考虑怎样才能让这项决策成为可接受的决策。
5. **将执行决策的行动纳入决策之中。**所需的行动承诺是什么？

谁应该知道？

6. **根据事件的实际过程对决策的效力和效能进行测试。**决策是如何执行的？它所依据的假设是恰当的还是过时的？

对于这些要素，让我们来一一查看。

分　类

卓有成效的决策者会问：这个问题是一种基本症状还是偶发症状？一般性问题必须通过规则或原则来解决；但对于真正的例外事件，处理时就只能视具体情况而定了。

－ 观点概述 －

卓有成效的决策需要一个明确的步骤序列。这个序列包括：识别问题，即这个问题是一般性的还是独一无二的；定义问题的方方面面；给出明确的规范说明；决定“什么是正确的”，而不是“什么是可接受的”；将行动纳入决策之中；利用反馈测试决策的效力。

严格来讲，管理者应区分4种不同类型的事件，而不是一般性和例外两类。

第一种是真正的一般性问题，其中发生的个别事件只是表象。管理者在工作中遇到的大多数问题都属于此类。比如，企业中的库存决策，严格来说不是决策，而是调适措施，这是一般性问题。在制造类组织中，这种情况甚至更为常见。比如：

> 某产品控制和工程事业部通常每月都要处理几百个问题。然而，无论何时分析起来，这些问题大多都是潜在的基本情况的症状和表现。工厂中的流程控制工程师或生产工程师，由于各人负责一部分工作，所以他们通常无法看到这一点。他们可能每个月都会碰上几个同样的问题，比如输送蒸汽或高温液体的管道的连接装置坏了，但也仅止于此。

只有在对该事业部几个月来的全部工作进行分析之后，一般性问题才会浮出水面。届时就会发现，现有设备所承受的温度过高或压力过大，各输送管道之间的连接装置需重新设计，以满足更大的负荷要求。除非进行了这样的分析，否则流程控制部门还会花费大量时间修理漏水管道，却无法从根本上解决问题。

第二种情况，虽然某事件于某机构而言是独一无二的，但实际上，它是一般性问题。比如：

> 某公司收到了另外一家大公司的并购提议，如果它就此接受提议，那么它将永远不会再收到这类提议。对该公司、该公司董事会以及管理层来说，这是不会重复发生的状况。但就并购而言，它当然是一种普遍状况，时时刻刻都在发生。接受或拒绝并购提议，要做充分考虑，而这种考虑则需遵循一些通用规则。就此而言，管理者必须借鉴其他人的经验。

第三种是真正的例外事件。管理者必须把这类事件同其他事件区分开来。比如：

> 1965 年 11 月，北美东北部地区发生了一次大规模停电事故，从圣劳伦斯到华盛顿陷入一片黑暗之中。据最初的说明，这是一次真正的例外事件。20 世纪 60 年代初导致很多胎儿畸形的“反应停悲剧”（thalidomide tragedy）事件，也是如此。这类事件发生的概率据说是千万分之一或亿分之一，而这类事件再度连续发生的概率更是微乎其微，其概率就像我现在坐的这把椅子一下子分解成了原子成分一样，几乎是不可能发生的事情。

不过，真正意义上的例外事件非常罕见。当出现这样的事件时，决策者就得问：这是一个真正的例外还是新问题的首次发生？而新问题的早期案例，便是决策流程中所要处理的第四类也是最后一类情况。因此：

> 我们现在知道，无论是北美东北地区的电力故障还是反应停悲剧，若放到现代电力技术或现代药理学的大背景下，则属于首次出现的事件；除非找到通用的解决方案，否则类似的事件还会经常发生。

除了真正独特的事件之外，其他所有事件都需要通用性的解决方案。它们需要的是一种规则、一项政策或一个原则。一旦建立起正确的原则，归属同一类问题的事件都能被务实处理。也就是说，依据个案的具体情况，通过规则调整来解决，但真正独特的事件就必须单独对待。管理者无法为例外事件制定规则。

卓有成效的决策者会拿出时间来，依据4种类型对所发生的事件进行判定、归类。如果事件分类有错，那么做出的决策也会是错的。

迄今为止，决策者最常犯的错误是把一般性问题当成一系列独特的事件来对待；在缺乏普遍理解和一般原则的情况下，这是务实的做法，但结果必然是失败和无效的。我认为，肯尼迪政府大多数内外政策的失败就清楚地表明了这一点。我们来看：

> 尽管执政团队聪明能干，但从根本上讲，肯尼迪政府只取

得了一项成就，即对古巴导弹危机的成功处理，而在其他方面，则可以说一无所成。究其原因，主要还在于团队成员所称的“实用主义”（pragmatism），也就是说，该届政府拒绝制定一般规则和原则，坚持依照“事件本身的是非曲直”来处理每一件事。然而，包括执政团队在内的所有人都已经清楚看到，其政策所依据的基本假设，即适用于战后初期的那些假设，已经越来越不适合20世纪60年代美国的国际和国内事务了。

同样常犯的错误是将新生事件视为旧问题的翻版，并因此认为应运用旧规则来处理：

正是这样一个错误，使得原本局限于纽约—安大略一带的电力中断事故，最终演变成为席卷整个大东北地区的大规模停电事件。电力工程师，尤其是纽约市的电力工程师，认为这是正常过载，并采用了与之相应的故障处理方法。然而，他们的检测仪器却显示，这是一次非同寻常的事件，应该采取特殊的而非标准的应对措施。

相比之下，肯尼迪总统在古巴导弹危机中所取得的重大胜利，则在于他愿意接受挑战，认定这是一次不同寻常的例外事件。而一旦接受了这一点，他的惊人的智慧和勇气便开始有效发挥作用。

定　义

一旦问题被归类——或为一般性问题，或为独特性问题——那么通常来说，对它的定义就比较容易了。这是关于什么事情的问题？这里有什么相关性？这种情况的关键是什么？诸如此类的问题都是非常熟悉的。但只有真正的卓有成效的决策者才知道，在这一步中，危险并不在于错误的定义，而在于看似真实但不完整的定义。比如：

在汽车安全问题上，美国汽车行业所持的就是一个看似真实但不完整的定义。正是由于这种认识上的不足——绝不是它不愿意把钱花在安全工程上——最终导致整个行业因车辆安全问题在1966年遭国会严厉抨击。面对这种突如其来的抨击，汽车行业一时陷入混乱状态，完全不知所以。要说它不重视安全问题，那不是事实。

相反，这个行业一直致力于打造更安全的公路工程技术，并强化对驾驶员的培训，它认为这些是应该重点关注的领域。交通事故是由不安全的道路和不重视安全的驾驶员造成的，这听起来确实很有道理。的确，从高速公路警察到高级中学，交警部门之外所有关心汽车安全的机构，在交通安全活动中倡导的也都是道路安全和驾驶安全。而且，这些活动也已取得成效。在以高安全标准修建的公路上，交通事故的数量已大幅下降。同样，受过安全培训的驾驶员，其所涉及的交通事故也已大大减少。

虽然每千辆车的事故率或每千公里的事故率日趋下降，但总的事故数却呈持续上升趋势，而且事故的严重程度也不断升级。因此，对汽车行业来说，它早就应该看到这样一个事实，即仅仅依靠安全法规和安全培训，是无法避免小概率的、意义重大的交通事故的发生的。对此，它应及时采取应对措施。

这意味着，未来的交通安全活动将必须辅之以工程技术，以降低交通事故本身的危险性。工程设计已经确保了正确使用车辆时的安全性，但未来，工程设计还要兼顾非正确驾驶车辆时的安全性。

为避免落入非完整定义（指对安全的定义）的窠臼，方法只有一个：依照所观察到的事实，对定义进行反复核查，而一旦发现该定义无法涵盖其中任何一项事实，则立即放弃。

卓有成效的决策者会时刻留意各种非典型事件或异乎寻常事件显示出的迹象。他们会问："这个定义可否解释观察到的事件？可否解释所有的事件？"他们会写下这个定义所要达到的预期结果，比如让交通事故消失等，然后不断测试，看其是否真正可行。最后，不论何时，只要看到有非典型事件出现，或是发现无法解释的现象，或是事件偏离了预期轨道，即便只是细枝末节上的偏离，他们也会回过头来，对问题进行重新思考。

从本质上讲，它们正是2 000多年前希波克拉底为医学诊断立下的规则，是由亚里士多德最先确立、在300年前由伽利略重申的科学观察方法。换句话说，它们是古老的、为人们所熟知的且经过了时间检验的规则，是管理者可以系统学习和运用的规则。

规　范

决策流程的下一个要素是就决策所要完成的事项给出明确的规范说明。决策所要达成的目的是什么？它要实现的最低目标是什么？它要满足的条件是什么？用科学术语来说，这些就是所称的边界条件。一项决策想要取得成效，就必须满足这些边界条件。我们来看：

阿尔弗雷德·斯隆1923年接管通用汽车时问了自己一个假设性问题："如果解除了各事业部主管的自主权，我们的需求能得到满足吗？"他的答案显然是否定的。这个问题的边界条件，要求的是首席运营官的能力和责任。企业对此的需求程度，丝毫不亚于对总部统一和总部控制权的需求。在斯隆之前，所有人都认为这个问题与个人有关，所以解决方法是通过权力斗争产生获胜者。但斯隆认识到，边界条件要求的是针对制度性问题的解决方案，即通过新的架构来解决问题：去中心化，保留总部在方向和政策上的控制权，同时给予运营部门以自主权，实现总部控制与运营部门自主之间的平衡。

无法满足边界条件的决策，比错误定义问题的决策更糟糕。就一项决策而言，若开始时的前提正确，但最终却未得出正确结论，那么它完全没有补救的余地。再者，只有对边界条件做出清晰思考，才能知道何时该放弃一项决策。决策失败最常见的原因并不在于它一开始就是错的，而在于之后过程中目标的转变，也就是关于边界条件的规范发生了变化，进而使得之前正确的决策突然变得不再适合了。只有决策者对边界条件保持清晰的认识，才有可能在第一时间用新的、合适的政策替换出现问题的决策，否则他们甚至都不会注意到事情已经发生了变化。比如：

富兰克林·罗斯福1932年时还是一位保守的总统候选人，但到1933年却成为一位激进的总统。这种转变让他饱受抨击。但罗斯福没有变。1932年夏到1933年春突然发生的经济崩溃改变了此前的规范。原本被视为保守的、旨在实现国民经济复苏的政策，在政府下令采取“银行休假”措施后，就已经失效了，因为此时的目标已经转变为增强政治和社会凝聚力。在边界条件发生变化时，罗斯福第一时间用政治目的（改革）代替了他先前的经济目的（复苏）。

最重要的一点，只有对边界条件做出清晰思考，才能识别出最危险的决策，即决策中必须要满足的各项规范从根本上讲是不相容的。换句话说，除非不犯一丝一毫的差错，否则这样的决策是行不通的。肯尼迪总统的“猪湾”（Bay of Pigs）决策就是一个经典案例：

> 就决策规范而言，其中非常明确的一项就是推翻卡斯特罗政权，而另外一项则是让入侵事件看起来像古巴人民自发的起义。但这两项规范要能相容，唯一方式就是立即在古巴全岛内发起针对卡斯特罗政权的起义，让古巴军队处于完全瘫痪状态。这并不是没有可能，但在这样一个控制严密的国家，出现这种情况的概率是极低的。

这类决策通常被称为赌博，但从理性角度讲，它们实际上还不如赌博。也就是说，在这类决策中，一个希望指望着另一个希望，寄希望于明显不相容的两项规范乃至更多项规范能同时实现。这是期待奇迹，但就奇迹而言，问题倒不在于它们极少发生，而在于它们从根本上讲是不可靠的。

每个人都有可能做出错误决策，事实上也会做出错误决策。但对管理者来说，他们不应做出表面看似合理，实际上却无法满足边界条件的决策。

决　定

卓有成效的管理者应首先思考“什么是正确的”，而不是思考“什么是可接受的”，原因就在于，他们最后还是需要做出一些妥协。但如果搞不清楚什么能满足边界条件，那么决策者就不可能区分正确的妥协和错误的妥协，而最终很可能做出错误的妥协。

> 在 1944 年开始接手第一个大型咨询项目时，我从中学到了这个教训。这是关于通用汽车管理结构和政策的一个研究项目。在任务开始时，时任该公司董事长兼首席执行官的斯隆把我叫到了他的办公室，说：“我不会告诉你要研究什么、写什么，或得出什么结论，这是你的工作。我对你的唯一要求，就是你要把你认为正确的事情写下来。你不用担心我们的反应，也不用担心我们喜欢与否，而最重要的是，你不必因为考虑我们的感受而在结论上做出可能的妥协。在我们这家公司，即便没有你的帮助，也不会有哪一位管理者不知道如何做出妥协。但除非你先告诉他们什么是正确的，否则他们不会做出正确的妥协。”

在卓有成效的管理者看来，妥协的类型可分为两种。一种如古谚所云，“半个面包好于没有面包”；另外一种可用所罗门王的判决故事来说明，即“半个孩子不如没有孩子”。在第一种类型中，边界条件仍可得到满足：面包是一种食物，半个面包仍是食物。而在第二种类型中，半个孩子是无法满足边界条件的，因为一个孩子被分成两半之后，就不再是一个活生生的孩子了。

为避免造成抗拒，决策者或许会担心什么是可接受的，什么是该说或不该说的，这种担心实际上是浪费时间。（人们能够想到的事件很少发生，反倒是那些难以预料的异议和困难，可能会突然间变成无法逾越的障碍。）换句话说，如果决策者一开始就问“什么是可接受的”，那么这个问题不会给他们带来任何好处。因为在回答这个问题的过程中，他们往往会放弃一些重要事项，进而导致机会错失，无法得出有效的答案，更不用说正确的答案了。

行　动

在决策流程中，将决策转化为行动是第五个要素。全面思考边界条件是决策中最难的一步，而将决策转化为卓有成效的行动，则通常是最耗时的一步。然而，除非自一开始就将行动承诺内化于决策之中，否则它不会成为卓有成效的决策。事实上，如果一项决策没有具体的负责人和具体的实施步骤，那它还称不上是真正的决策，充其量只算一种良好愿望。

很多政策声明，特别是企业的政策声明，都存在缺陷，即声明中未包含任何行动承诺——没有具体的负责人，也没有具体的实施计划。这也难怪组织里的人对这类声明往往抱以嘲讽的态度，甚至认为这是最高管理层不会真正推动实施某一计划的宣言。

将决策转化为行动，需要明确回答如下几个问题：谁应该知道这项决策，应该采取什么行动，谁将负责这项行动，以及什么样的行动是在执行者的能力范围之内的。第一个和最后一个问题最容易被忽视，进而导致严重后果。在研究运营的人员之间流传着一个传奇故事，很好地诠释了“谁应该知道”这个问题的重要性：

几年前，一家主要的工业设备制造商决定停产某一型号产品。该产品多年来一直是一系列机床上的标准设备，而且很多机床仍在使用这一设备。鉴于这种情况，该制造商决定，在未来三年，继续向老客户销售该型号产品，便于其替换旧有设备。这个型号产品的订单已经持续下降很多年了，但由于三年后该产品将不再生产和销售，所以某客户加大了订购量，导致订单数量大幅上扬。然而，没有一个人问：“谁应该知道这项决策？”

因此，负责采购零部件以用于组装该型号产品的人员也就无从知晓这一决策。他们的指令是按照当前销量的某一比率采购零部件，而且这一指令一直没有变。

结果到正式停产的那一天，这家客户竟堆积了足以维持该型号产品生产长达 8~10 年之久的零部件库存。这些零部件最终不得不核销，公司损失异常惨重。

此外，行动计划的实施也必须在执行者的能力范围之内。请看下面的例子：

一家大型美国化学公司发现，近年来它有相当一大笔资金被卡在了两个西非国家，无法汇出。为保住这些钱，该公司最高管理层决定在当地投资办企业，依照的标准是：第一，可以促进当地经济发展；第二，不需要从国外进口货物；第三，如果经营成功，在境外汇款业务恢复正常之后，可以将企业出售给当地投资者。为创办这些企业，该公司开发了一套简单的、可用于保存某种热带水果的化学工艺；该水果植物是这两个国家的主要作物，但由于果实易腐烂，此前很难运到西方市场。

建在这两个国家的企业都取得了成功。但在其中一个国家，当地的经理人设立了较高的企业标准，需要的是熟练的和受过技术训练的管理团队，而这类人才在西非并不是很多。在另一个国家，当地的经理人对最终负责经营该企业的人员的能力做了全面而深入的思考。因此，在经营期间，他不断简化工艺和业务流程，而在人员配备上，从一开始就聘用本地人，包括运营职位和最高管理层。

几年之后，这两个国家重新放开境外汇款业务。虽然企业经营得很成功，但在第一个国家却找不到买家，因为具备一定管理和技术技能的本地人才非常缺乏，最终不得不亏本清算。而在另一个国家，当地很多的企业家都伸出了橄榄枝，希望买下这家企业，如此一来，公司不仅收回了原始投资，而且斩获颇丰。

这两个国家的化学工艺以及基于该工艺设立的企业基本上是一样的，但在第一个国家，没有一个人问："在我们的团队中，什么人可以让这个决策变得卓有成效？""他们能做什么？"结果就是，这项决策遭到挫败。

如果人们需要改变自身行为、行动或态度，才能让一项决策变得卓有成效，那么行动承诺的重要性就越发明显了。这种情况下，管理者必须确保两点：一是责任分配到人，二是行动计划的执行人员具备相应能力。因此，决策者需要同步改变对绩效的衡量标准以及对相关责任人员的激励措施，否则，组织人员就会陷入情绪冲突之中，进而导致行动瘫痪。我们来看下面两个例子：

60年前，时任贝尔电话系统公司总裁的西奥多·韦尔将公司的主营业务确立为服务。今天美国（以及加拿大）的电话系统仍为投资者所有而非国家所有，主要就是受这项决策的影响。然而，如果不是韦尔同一时间设计了服务绩效的衡量标准，并将这些标准引入公司，作为管理绩效的衡量和激励标准，那么这项政策声明可以说是形同虚设。当时，贝尔的经理人习惯以利润率（或至少是成本）作为部门绩效的衡量标准。而这些新标准的引入，让整个组织迅速接受了新的目标。

与之形成鲜明对比的是，美国某公司近期实施的新组织结构和新目标计划，最终以失败收场。这家公司历史悠久，规模庞大，员工引以为豪，其董事长兼首席执行官也是一位聪明能干的管理者。变革的必要性毋庸赘言，公司上下已经达成共识。这家多年来一直占据行业龙头地位的公司，已经出现了明显的老化迹象。在很多市场，新成立的小规模的同业竞争者不断崛起，它们采取了更积极的发展战略，对这家公司形成合围之势。但在采取变革行动时，这位董事长却没有把重点放在对新理念的接纳上；相反，为安抚组织内的反对势力，他提拔守旧派代表人物，并为他们安排最受瞩目的、薪水最高的职位，比如新设的三个执行副总裁职位。在公司人员看来，这样做只有一个寓意："他们并不是真的想干事。"如果与新行动计划唱反调的行为获得了最大奖赏，那么每个人都会据此认为，这才是最高管理层所真正期待的行为，也是他们真正愿意奖赏的行为。

只有最卓有成效的管理者才会和韦尔一样，将决策的执行纳入决策本身。但对每一位管理者来说，他们至少可以思考这样的问题：

某一具体决策所需的行动承诺是什么，任务该怎么分配，以及该配备什么样的人员，等等。

反　馈

最后，信息监测和信息报告必须纳入决策之中，以便根据实际事件对决策的预期结果进行持续测试。决策是由人来制定的。人总会犯错，做得再好，也不会长久；即便是最好的决策，也有出错的概率；即便是最有效的决策，最终也会过时。

对此毋庸赘述。每一位管理者都会在其决策中建立起有组织的反馈体系，比如通过报告、数字和研究等实现信息的监测与汇报。但尽管存在各种反馈报告，还是有很多决策没有取得预期结果，或者根本就没有效力。就像马特洪峰上的景色，单靠研究瑞士地图（一种抽象化工具）是无法实现具象化的；同样，单靠研究报告，也不会对一项决策做出全面而准确的评估，因为报告必然是抽象的。

卓有成效的决策者知道这一点，并遵循军方很早之前就已建立的一条规则。制定决策的指挥官不会依赖报告了解决策的执行情况，他们会亲自或派副手去现场了解情况。究其原因，并不是卓有成效的决策者（或卓有成效的指挥官）不信任他们的下属，而是他们深知，抽象的交流是不可靠的。

随着计算机时代的到来，这种反馈要素将会变得越来越重要，因为决策者与现场之间的距离极有可能会被拉得更远。除非决策者坚定地认为他们必须去现场了解情况，否则其与现实之间的脱节只会越来越严重。计算机仅能处理抽象信息，而对于抽象信息，则必须依照实际结果进行反复核查。只有经得起核查的信息才是靠得住的信息，其他信息则只会把人引入歧途。

此外，对管理者来说，实地考察也是测试决策所依据的假设是依然有效还是已经过时并需重新思考的最佳方式，甚至可以说是唯一方式。管理者必须要有一个清晰认知，那就是每项假设迟早都会过时。现实不可能长期不变。

如果一项行动早已变得不合时宜，甚至已经失去合理性，但决策者仍坚持实施，最典型的原因就是缺乏实地考察。无论是商业决策还是政府政策，概莫能外。这在很大程度上解释了为什么斯大林的冷战政策会在欧洲失败，为什么美国未能针对欧洲已恢复繁荣和已重新实现经济增长的现实及时调整政策，以及为什么英国直到很晚才接受欧洲共同市场的现实。此外，就我所知的企业而言，它们之所以会做出效果不佳、低效乃至错误的决策，一个主要原因就是它们没有针对客户和市场进行实地考察，没有针对竞争对手及其产品进行实地考察。

决策者需要有组织的信息反馈。他们需要报告和数字。但除非他们获得的反馈是建立在确定无疑的现实之上的，或者他们严格要求自己，切实开展实地考察，否则一定会陷入毫无结果的教条主义的泥淖。

结　论

决策只是管理者的任务之一，通常只占他们很少的工作时间。但做出重要决策，是管理者所特有的任务。只有管理者才会做出这类决策。

在做出这类决策时，卓有成效的管理者会采取一套系统化的流程，其中包括定义明确的要素和秩序井然的步骤等。事实上，对于卓有成效的管理者，人们所抱的期望是他们能基于自己所处的位置或所掌握的知识，做出可对整个组织、组织的绩效以及组织的成果产生重大而积极影响的决策。

（首次发表于《哈佛商业评论》1967 年 1—2 月刊）

第五章

好的人事决策

在管理者所做的所有决策中，最重要的莫过于人事决策，因为人员是组织效能的决定力量。管理者应担起决策的责任，如果某个人在某个职位表现不佳，那么错在负责该决策的管理者；管理者应认真做好人事决策，确保组织内人人表现良好；不要把新的重大任务安排给新人。

就管理者而言，他们理所当然地在人员管理和人事决策上花的时间比在其他任何事情上花的时间都要多。影响最为深远的或最难以做出的决策，莫过于人事决策。然而，管理者在人员晋升和人员配置上所做的决策效果普遍不佳。综合各方面信息来看，他们所做决策的平均成功率不超过 0.333：至多 1/3 的决策最终被证明是正确的，1/3 只能达到最起码的成效，而另外 1/3 是彻头彻尾的失败决策。

在管理的其他任何领域，我们都不会容忍如此糟糕的表现。的确，我们没有必要容忍，也不应该容忍。当然，做人事决策的经理人永远都不可能完美，但他们应该朝着完美的目标努力，尤其是在这个我们最了解的管理领域。

然而，有一些管理者所做的人事决策就接近完美。在珍珠港事件发生时，美国陆军的所有将官都年事已高。年青一代无一接受过战斗考验，也没有参加过大规模的军团指挥行动，但到二战结束时，美国所拥有的将官数量之多、能力之强却远超世界其他国家的陆军。

所有这些将官都是美国陆军参谋长乔治·马歇尔一手选拔的。在他们之中，虽然不是每个人都出类拔萃，但真正算得上失败的却没有一个。

在经营通用汽车长达 20 多年的时间里，斯隆亲自为公司选拔每一位管理者，其中也包括低阶的制造部门经理、财务主管、工程部门经理乃至最小的配件部门的技师长。从今天的标准看，斯隆的视野和价值观可能显得有些狭隘。是的，因为他只关心通用汽车的表现。但不管怎么说，他把合适的人放到了合适的职位上，这一长期表现是无懈可击的。

基本原则

对人的判断不可能不出错，至少在我们这个凡人世界是不可能的。尽管如此，还是会有少数管理者认真对待每一项人事决策，并致力于做到最好。

马歇尔和斯隆是两种完全不同类型的人，但在人事决策方面，他们却相当刻意地遵循着大致相同的原则：

- 如果我把某个人放到某个职位上，但他（她）的表现却不佳，那么错误在我。我不能责怪那个人，不能拿“彼得原理”（Peter Principle）当托词，不能抱怨。这是我犯的错。

- 早在恺撒时代就有一句格言："士兵有权跟着胜任的指挥官打仗。"确保组织内人人表现良好，是经理人的职责所在。
- 在管理者所做的所有决策中，最重要的莫过于人事决策，因为人是组织绩效高低的决定力量。因此，我要好好做这些决策。
- 一个"不要"：不要把新的重大任务安排给新人，因为这样做只会增加风险。对于这类任务，要交给熟悉的人来做——你熟悉他的行为和习惯，而且他也赢得了所在组织的信任和信赖。对于层级较高的新人，首先要安排到既有职位上，因为这样的职位预期明确，而且也易于提供支持。

- 观点概述 -

影响最为深远的和最难以做出的决策，莫过于人事决策。而在这些决策中，至多1/3最终被证明是正确的。对认真对待人事决策的管理者来说，以下原则是颇有助益的：

（1）担起做决策的责任——如果某个人在某个职位表现不佳，那么错在负责该决策的管理者；

（2）确保组织内人人表现良好，是经理人的职责所在；

（3）认真做好人事决策；

（4）不要把新的重大任务安排给新人。

此外，这里还有一些应遵循的基本步骤，有助于经理人做出卓有成效的人员晋升和人员配置决策。

在我见过的最糟糕的人事决策中，有两个案例涉及美国公司，其中一家位于匹兹堡，另一家位于芝加哥。这两家公司都聘用了聪明能干的欧洲人，负责领导开拓欧洲的新业务。在刚加盟公司时，汉斯·施密特博士和吉恩·佩兰（只有名字是虚构的，其他均为真实）被誉为天才，但一年之后，两人却一败涂地，黯然出局。

施密特是一个训练有素且一向按照自己秉性行事的经理人，而每次担任新职务时，他都会把最初 6 个月或 9 个月的时间花在思考、研究和规划上，为之后的果断行动做好准备。但问题是，在匹兹堡这家公司，没有人了解他这一点；反过来，施密特也从没有想到这家公司会希望他迅速行动起来，并取得立竿见影的效果。同样，芝加哥那家公司对佩兰也不是很了解。尽管佩兰做事踏实，认定目标就会坚持下去，但他也是一个易激动的人，反复无常，时不时手舞足蹈，爱对细枝末节的事发表长篇大论，而且还经常采取试探舆论的行为。当然，他们两个人后来都成为欧洲大公司的首席执行官，成就斐然，而此前的败绩，在于那两家公司根本不了解，也不理解他们。

同一时期（20 世纪 60 年代末和 70 年代初），另外两家美国公司却成功打开了欧洲市场，并在那里站稳脚跟。在计划启动时，这两家公司各派一名美国高管前往欧洲；此前，这两个人都未曾在欧洲工作或生活过，但总部的人对他们非常了解。反过来，这两名高管对他们所在的公司也非常了解。与此同时，这两家公司各招聘了 6 名年轻的欧洲人，并把他们安排到美国本地公司担任中高层职位。短短几年内，两家公司都在欧洲打下了坚实的业务基础，也都建立起了训练有素、富有经验和值得信赖的管理团队。

大约 300 年前，温斯顿 · 丘吉尔的先祖、伟大的马尔伯勒公爵就曾观察到，“联合作战的一个最基本问题，就在于你必须把对胜利的渴望乃至自己的生命托付给一个你只闻其名，但不知其战斗水平的友军指挥官”。

在公司如同在军队，没有长期的个人知识的积累，人与人之间不可能建立起信任关系，也不可能进行卓有成效的交流。

决策步骤

重要的人事原则只有几条，同样，要做出卓有成效的人员晋升和人员配置决策，重要的步骤也只有少数几个：

1. 全盘考虑工作任务

工作描述可能会持续很长一段时间。比如某家大型制造公司，自 30 年前开始实施分权管理以来，其对事业部总经理的工作描述几乎没有任何变化。事实上，在罗马天主教会，关于主教的工作描述，自教会法于 13 世纪首次汇编成典以来就没有做过任何改变。但工作任务总是在变，而且是以一种无法预测的方式在变。

在 20 世纪 40 年代初，我有一次告诉斯隆，他在一个相当低级别的职位上似乎花了超乎寻常的思考时间，以便从三名条件相当的候选人中挑选出最优秀的一位，担任某个很小的配件事业部的销售总经理。“你看看过去几次我们对这个职位的工作要求。”斯隆对我说。我惊讶地发现，这个职位的工作任务，每次都大不相同。

二战期间，乔治·马歇尔在选择师长时首先会审视接下来 18 个月或两年的任务的性质。筹建和训练一个师是一项任务；率领一个师参加战斗，则是另外一项任务；接管一个遭受重创的师，并致力于恢复它的士气和战斗力，又是另一项任务。

在选拔新的地区销售经理时，负责决策的管理者首先要搞清楚这个工作职位的核心任务是什么：是招募和培训新的销售人员吗？原因：当前销售团队的成员已接近退休年龄。是开辟新市场吗？原因：虽然该公司的产品在现有区域的传统产业市场表现良好，但尚未打入新的成长性市场。是为公司的新产品建立市场地位吗？原因：

公司的大部分销售收入仍源于已有25年历史的产品。所有这些都是不同的工作任务，因而也就需要不同类型的人才。

2.仔细考虑多名潜在合格人选

这里的关键词是“多名”。达到基本资格条件是最低限度要求；不符合资格条件的候选人，要自动剔除。同样重要的是，人员与任务之间要相互匹配。要做出一项卓有成效的决策，管理者所考虑的名单上必须要有3~5名合格人选。

3.认真考虑该如何审查各候选人的条件

如果管理者已经研究过工作任务，那么他（她）就会了解新任职者需要具备什么样的条件，才能集中力量处理优先事项。这里最关键的问题并不是要问：“这名或那名候选人能做什么或不能做什么？”而是问：“他们每个人都具备什么长处，以及这些长处是否符合任务所需？”这条原则的缺点是它的限制性条件可能会将优秀的候选人排除在外。比如，某个人非常符合某一空缺职位的技术能力要求，但如果该职位最需要的是建立团队的能力，而他又恰恰缺乏这项技能，那么在这种情况下，他并不是合适人选。

但卓有成效的管理者不会首先把目光瞄向人的短处。业绩的取得源于且只能源于长处而非短处。马歇尔和斯隆都是要求很高的人，但他们两个人都知道，最重要的是与工作任务相匹配的能力。对候选人来说，如果具备这一能力，公司总能想办法弥补其他方面的不足；但如果不具备这一能力，其他所有一切都是无用的。

比如，某师需要一名负责训练任务的军官，马歇尔会把目光转向那些能把新入伍者变成真正士兵的人。而所有擅长这项任务的人，在其他方面通常都存在严重不足。比如，有一个人缺乏战术指挥能力，战略方面就更不能指望了；有一个人张口就乱说话，容易惹上媒体的麻烦；还有一个人自负、傲慢、任性，而且经常和指挥官发生冲突。但所有这些都不要紧，他能训练新兵吗？如果答案是肯定的，他就会得到这个职位；再进一步，如果答案是“他干这个最擅长”，那么这个职位非他莫属。

富兰克林·罗斯福和哈里·杜鲁门在遴选内阁成员时，都曾这样说：“别在意个人短处。首先要告诉我，他们每个人都能干什么。”在20世纪的美国历史上，这两位总统组建的内阁是最强大的，这恐怕不是巧合。

4.联系候选人的多位共事者，并就相关问题与他们进行讨论

仅以一位高管的判断作为结论依据是没有价值的。这是因为，

我们所有人都会受第一印象、个人偏见和主观好恶的影响，所以我们需要听取其他人的想法。在军队选拔将官或天主教会选任主教时，这种广泛讨论是遴选流程中的一个正式步骤。称职的管理者会以非正式的方式进行。德意志银行前负责人赫尔曼·阿布斯一向以知人善任著称。在他选拔的人才中，后来很多都成为成功的首席执行官——数量之多，超过了当代的其他任何人。在打造战后德国“经济奇迹”的高级经理人中，有很多是他一手挑选的。在审查候选人的情况时，他首先会联系该候选人的前老板或前同事（一般为 3~4 人），并向他们进行核实。

5. 确保被任命者了解自己的工作

在上任 3~4 个月之后，被任命者就应该将工作重点放到当前职位的要求上，而不是之前职位的要求上。管理者有责任把他（她）叫过来，说：“你现在已经在地区销售经理（或者其他职位）职位上干了三个月了。对于这份新工作，你觉得怎样做才能取得成功？你要好好想一想这个问题，然后一个星期或 10 天后给我一份书面报告。不过，我现在就可以告诉你一件事：之前你所做的、帮你走上这个职位的那些事情，如果你现在还在做，那几乎可以肯定地说，你做错了。”

如果你没有遵循这个步骤，那就不要怪罪候选人表现不佳。责任在于你自己。作为一名经理人，你没有尽到自己的职责。

在美国的管理领域，我认为最大的浪费就是失败的晋升决策，而这些决策之所以失败，最主要的原因就是管理者没有对新工作的要求做全面思考，或者他们没有帮助其他人就此做全面思考。我举一个最典型的例子。几个月前，我教过的一个非常聪明的学生给我打来电话，他几乎是哭着说的："一年前，我获得了人生的第一个重大机会，公司把我提升为工程部经理。但现在，他们告诉我说，我已经出局了。但事实上，我做的工作比以前更出色了。我设计了三款非常成功的产品，而且是会获得专利的产品。"

人们会很自然地对自己说："我一定是做对了什么，否则我不会得到这样一个好职位。所以，在当前工作中，我最好还是多做一些当初助力我升职的事情。"从直觉上讲，大多数人并没有意识到新的、不同的工作需要新的、不同的行为。大约 50 年前，我的老板提拔我担任一个责任更重大的职务。上任 4 个月后，他给我提了一次醒。而在此次谈话之前，我还和提拔之前一样，以同样的方式做着同样的事。但他心里很清楚，他有责任让我明白这样一个道理：新的职务意味着不同的行为、不同的工作重点，以及不同的关系。

高风险决策

即便管理者遵循了上述所有步骤，他们所做的一些人事决策还是会以失败而告终。这多半是一些风险很高但又不得不做的决策。

比如，在专业型组织中选择经理人就属于高风险决策，这类组织包括研究实验室、公司工程部门或法务部门等。专业人士不太会接受所属业务领域内资历不如自己的人担任自己的领导。这样一来，在考察工程部经理人选时，便只能局限于该部门内的一流工程师了。然而，台架测试工程师的绩效和经理人的绩效之间并不存在相关关系（除非是负相关关系）。高绩效运营经理调任总部，升职担任职能部门负责人，或总部职能部门专家调任一线职位，从事业务相关工作，情况也类似。从性格上讲，运营人员通常并不适应职能部门工作中的压力、挫折和人际关系，反之亦然。如果把一名业绩一流的地区销售经理调任升职到市场研究部门、销售预测部门或定价部门，那么他在工作上可能会变得毫无成效可言。

一个人的性格是否适应新的环境，我们无从测试，也无法预测。在这个问题上，我们只能通过经验来判断。如果工作转换未见成效，那么做出这一决策的管理者就必须尽快改变这种人事错配。同时，他还必须承认，“这是我的错，我有责任改正这个错误”。让不合适的人继续担任某一职务，这不是好心，相反，这是一种残忍。但也没有理由让这个不适任的人离职。一家公司总会用到优秀的台架测试工程师、优秀的分析师和优秀的销售经理，正当的做法是让他重回原来的岗位或给他安排一个与原岗位相当的职务。在大多数时候，这种做法都是有效的。

人事决策失败的另一个原因：某项工作已经成为150年前新英格兰船长所说的“寡妇制造者”（widow maker）。在那个时候，无论一艘快速帆船的设计多么精良，建造多么坚实，只要开始发生致命的“事故”，船主就会尽快拆毁它，而不是对它进行重新设计或改造。

所谓“寡妇制造者”，是指那些经常折损优秀人才的职位。在公司快速成长或快速变革时期，这种现象最为常见。比如，在20世纪60年代和70年代初，美国各大银行所设的“国际副总裁”职位就变成了“寡妇制造者”。这原本是一个很容易填补的职位。事实上，在银行界，这一直被认为是一个落败者也可以干，而且还可以干好的职位。然而，突然之间，新上任者开始在这个职位上接连败阵。事后来看，这是因为国际活动在毫无征兆的情况下，迅速成为各大银行及其公司客户日常业务的一部分，而且是不可或缺的一部分。早前轻轻松松就能干好的工作，现在却成了一个无人能够胜任的职位。

如果某个职位连续折损两名早前表现出色的优秀人才，那么对这家公司来说，这就是一个所谓的“寡妇制造者”职位。无论何时，只要发生这种情况，管理者要做的就是裁撤该职位，而不是寻求猎头公司的帮助，以便找到全能天才。对于任何一个职位，如果具备一般才能的人无法胜任，那就不应该继续保留。除非做出改变，否则可以预见的是，这个职位还会让第三名上任者以同样的方式败下阵来。

正确的人事决策，是妥善掌控一个组织的最重要方式。这类决策展现的是管理层的能力、价值观，以及管理层对待工作的认真态度。无论经理人多么努力地保守人事决策秘密，最终它们也藏不住；当然，现在还是有一些人在努力尝试这样做。实际上，人事决策是极易看到的。

对管理者来说，他们通常无法判断某一战略行动是否为明智之举，再说，他们也未必感兴趣。“我不知道为什么要收购澳大利亚的这家企业，但它不会影响我们在沃斯堡的业务。”这是常见的一种反应。但当同样的管理者看到人事命令时，如“乔·史密斯担任XYZ事业部的财务主管”，他们通常比最高管理层更了解乔。如果这些管理者认同这项人事安排，他们会说：“乔应该得到升职，他是绝佳人选——那个事业部发展很快，就需要他这样的人去掌控。”但如果乔的升职是因为他擅长玩弄权术，那么每个人也都会知道。他们会在心里说，“原来这就是这家公司的升职方式”。他们会因管理层逼迫他们玩弄办公室政治而心生厌恶，结果就是，或选择离职，或最终成为玩弄权术者。我们很早就已经知道，组织内的人通常会向那些获得奖励的人学习，并效仿他们的行为。如果得到奖励的尽是那些绩效不佳、喜好阿谀奉承或好耍小聪明的人，那么这个组织很快就会沦陷，成为一个绩效不佳、喜好阿谀奉承或好耍小聪明的组织。

如果管理者不用心做好人事决策，那么损害的将不仅仅是组织的绩效，而且还有组织的声誉。

（首次发表于《哈佛商业评论》1985年7—8月刊）

第六章

他们不是雇员，只是为组织工作

商业世界悄悄发生了两个不同寻常的变化。第一，在为组织工作的人员当中，有数量庞大的人群已经不再是这些组织的传统雇员。第二，越来越多的企业把雇员关系外包了出去。在这个过程中，如果组织忘记甚至失去了培养和发展人才的能力，那么这种做法根本上是得不偿失的。

商业世界悄悄发生了两个不同寻常的变化，而我们大多数人都没有太注意。第一个变化，在为组织工作的人员当中，有数量庞大的人群已经不再是这些组织的传统雇员了。第二个变化，越来越多的企业把雇员关系外包了出去，不再管理与正式雇员之间关系的主要方面。这些趋势在短期内不太可能扭转，事实上还有可能会加速发展。这种情况的出现并非偶然，而是有着深刻的理由，如下文所示。

说归说，但人员和人员所服务组织之间关系的减弱，对企业来说是一个重大危险。公司利用长期处于自由状态的人才或将人力资源管理中枯燥乏味的业务外包出去，是一回事；但在此过程中，忘记培养和发展人才是企业最重要的任务、是企业在知识经济中竞争的必要条件，则是另外一回事。在放弃对雇员关系的管理之后，如果组织就此失去了培养和发展人才的能力，那么这种做法根本得不偿失。

每个工作日，世界上最大的私营雇主之一、瑞士的德科公司（Adecco）会安排近70万名临时和全职的办事员、产业工人和技术工作者到世界各地的企业工作；仅在美国，可能就有25万多人。德科是人力派遣行业的巨头，但在这个高度细分的全球市场，它只占一小部分份额。单在美国，这样的公司就有数千家，每天为大约250万人提供工作机会。从全球来看，每天安排的临时工作人员至少有800万人，甚至达到1 000万人，而70%的临时工作人员从事全职性工作。

在大约50年前人力派遣行业刚刚起步时，它提供的是低层级的办事员，替代的是组织中的分类账保管员、接待员、电话接线员、速记员，以及请病假或休假的打字员等。时至今日，人力派遣公司提供各种人力服务，从低层的办事员到高层的首席执行官，无一不包。比如，某家人力派遣公司提供制造业经理人，可负责管理从新工厂筹建到工厂设施全面投产的全过程。另外一家人力派遣公司则可提供高技能的医疗保健专业人士，比如护士和麻醉师。

作为一个与人力派遣行业相关但又完全不同的行业，专业雇员组织（PEO）成为20世纪90年代美国发展最快的商业服务行业。这类组织管理它们客户的雇员，同时也管理它们客户的雇员关系，即与雇员管理相关的行政和人力资源等方面的业务。仅仅在10年前，专业雇员组织还是一个鲜为人知的行业，但到2000年，它已成为250万~300万名美国蓝领和白领工作者的联合雇主。目前，这类组织至少有 1 800 家，它们甚至还有自己的工会和月刊。

同人力派遣公司一样，近年来专业雇员组织的业务范围已大大拓宽。20 世纪 80 年代末最早出现的一批专业雇员组织专为客户提供代理记账服务，特别是薪资支付服务。现在，专业雇员组织可以提供几乎所有与雇员管理和雇员关系相关的服务：记录管理和法律合规；招聘、培训、工作安排、晋升、解雇和裁员；退休计划和养老金支付；等等。起初，专业雇员组织将自身业务局限于小企业的雇员关系管理。但埃克斯特（Exult）——可能是最知名的专业雇员组织机构——自一开始就把自己定位为《财富》世界 500 强企业的联合雇主。它的客户包括英国石油阿莫科公司（BP Amoco）、优利系统公司（Unisys）和天纳克汽车零部件有限公司（Tenneco Automotive）等。仅仅 4 年后，埃克斯特便登陆纳斯达克，成为一家上市公司。另外一家专业雇员组织成立之初便把业务定位为薪资相关服务，对象是雇员人数少于 20 人的企业，但如今，它正准备接手管理美国一个大州的 12 万名雇员。

－ 观点概述 －

在本文中，彼得·德鲁克考察了人力的变化动态——特别是在管理临时工作人员和合同工作人员时，组织需要像管理传统雇员一样用心和负责。

德鲁克表示，两种快速发展的趋势需要企业领导者更加关注雇员关系。第一是临时工作人员或合同工作人员的兴起。世界范围内，每天安排就业的临时工作人员在 800 万 ~1 000 万人之间，而且，他们填补的并不仅仅是前台接待职位。今天，人力派遣公司提供各种人力服务，从低层的办事员到高层的首席执行官，无一不包。第二是越来越多的企业把它们的雇员关系外包给了专业雇员组织——负责处理与雇员管理相关的、愈加繁重的行政任务的第三方团体。（与雇员相关的规则、规章，以及文书方面的工作，会轻松占去经理人 1/4 的时间。）据德鲁克的观察，推动这些趋势发展的是一种转变，即从依赖体力劳动创造财富和就业到依赖专业化和知识创造财富和就业的转变。领导者越来越重视公司内众多产品专家小组或服务专家小组的需求。

人力派遣公司和专业雇员组织把领导者从各类人力资源文件和文书工作中解放出来，以便把更多精力放到业务上。德鲁克总结说，如果组织把这些职能外包出去，需要谨慎，确保在此过程中不损害与这些人员之间的关系。

人力派遣行业和专业雇员组织行业均呈现快速增长趋势。德科以每年 15% 的速度持续增长。在 2001 年第二季度，埃克斯特的收入

增长了 48%，从 4 350 万美元增至 6 430 万美元。整体来看，专业雇员组织行业年增长率为 30%。到 2005 年，整个专业雇员组织预计会成为 1 000 万名美国工作者的联合雇主。

读者或许会想，“如果经理人不负责所在部门人员的招聘、晋升或解雇，那么他如何发挥作用？”我曾就这个问题问过阿莫科公司的一位高管。要知道，在这家公司，包括高级科学家在内的工作人员现在都由埃克斯特管理。他的回答是：“如果埃克斯特想继续保有合同，那么它知道必须满足我的要求。的确，是他们公司决定解雇或调动某个人，但这通常是因为我给出了建议，或是在他们征求了我的意见之后做出的。”

当前雇员关系中出现的一些新情况，显然已不符合管理类书籍仍在写的或商学院仍在教的内容，也不符合大多数组织的人力资源部门的运转方式。

扼杀于繁文缛节

临时工作人员受欢迎的原因，通常被认为是他们给予了雇主更大的灵活性。但有太多的临时工作人员长时间服务于同一雇主，有时更是年复一年，由此可见，灵活性并不是唯一理由。而且灵活性显然也无法解释专业雇员组织的兴起。对于这些趋势的流行，一个比较合理的解释是，人力派遣公司和专业雇员组织以一种合法的方式把为企业工作的人变成了“非雇员”（nonemployee）。人力派遣公司的稳步发展和专业雇员组织的兴起，就其推动力而言，我认为是雇主在规则和规范方面所面临的日趋增长的压力。

单就这些规则和规范的成本而言，就有可能扼杀小企业。据美国小企业管理局的数据，雇员人数少于500人的企业，每年花在政府规章、政府所需文件以及税务合规方面的费用，在1995年约为每人5 000美元（有据可查的最新年度数据）。这相当于在雇员工资、医疗保健、保险和养老金之上再增加25%的成本。在1995年，就雇员工资、医疗保健、保险和养老金而言，小企业所承担的平均成本约为每人22 500美元。而自那时起，与雇佣相关的文书工作成本，增幅预计已超过10%。

如果让临时工作人员取代传统雇员，那么其中的很多成本都可以省下来。这也是众多公司同人力派遣机构签署用工合约的原因，尽管临时工作人员的小时成本通常远高于全职正式雇员的工资及福利成本。减少管理成本的另一个方式是将雇员关系外包出去，换句话说，就是让专业人士来做这方面的文书工作。据美国小企业管理局的数据，若将足够多的小企业集合到一起，并对其雇员进行统一管理，当这些企业的雇员人数相加超过500人时，雇佣相关成本会削减40%。

不仅小企业可以通过外包雇员关系而大幅削减用工成本。麦肯锡1997年的一项研究发现，如果一家《财富》世界500强企业——换言之，规模非常庞大的企业——把它的雇员关系委托给第三方公司管理，用工成本则可削减 25%~30%。而正是基于该项研究结果，埃克斯特于一年之后成立。

雇员和雇员关系的外包已经成为一种国际趋势。虽然各国在与雇佣相关的法律法规上差别很大，但在发达世界，企业普遍承受着高昂的监管成本。比如，德科最大的市场是法国，第二大市场是美国，而在日本，该公司的年增长率达到 40%。埃克斯特于 2000 年在苏格兰开设了雇员管理中心，并在伦敦和日内瓦设有办公室。

比起遵守雇佣法的合规成本，更为繁重的是那些规则制度对管理层的严苛要求，使得他们不得不拿出大量时间和精力来处理相关问题。1980—2000 年，美国有关雇佣政策和实务的法律法规数量增加了大约 60%，从 38 个增至 60 个。所有这些法律法规均要求经理人提交诸多报告，若不遵守则会被处以罚金和惩戒，即便不是有意违反也不例外。据美国小企业管理局的数据，中小企业主花费在与雇佣相关的文书工作上的时间，占其总工作时间的 1/4。

然后是持续出现的且仍在不断增加的诉讼威胁：1991—2000 年，美国公平就业机会委员会受理的性骚扰案的数量增加了近一倍，从每年约 6 900 起增加到近 16 000 起。而最终以组织内部程序和解的案件的数量，则是所受理案件数量的 10 倍乃至更多。每一起案件都需要很长时间的调查和听证，以及不菲的法律费用。

这也难怪雇主（特别是小企业雇主，其占企业总数的绝大部分）

会痛苦地抱怨说，他们没有时间花在产品和服务上，没有时间花在客户和市场上，也没有时间花在质量和分销商上，也就是说，他们没有时间去追求成效。相反，他们把时间花在了解决问题上，也就是花在与雇员相关的法律法规上。他们不再信奉那个流传已久的准则：员工是我们最大的资产。相反，他们宣称"员工是我们最大的负债"。就业服务机构的成功和专业雇员组织的兴起，背后的原因就在于它们能把公司管理层从繁重的文书工作中解放出来，让他们有更多的时间和精力专注业务发展。

顺便说一句，这个论据或许也可以解释为什么"马基拉朵拉工厂"（maquiladora）会取得成功。所谓马基拉朵拉工厂，是指位于美墨边境墨西哥一侧的加工厂，也越来越泛指墨西哥境内的加工厂。它们装配来自美国、远东地区或墨西哥生产的零部件，然后再将成品销售到美国市场。事实上，对制造企业来说，将这类组装工作外包出去，更主要的考量或许是减少文书工作时间，而不是节省用工成本，再说在那里设厂也未必真能节省用工成本。作为加工厂所有者的墨西哥公司充当联合雇主的角色，负责处理所有与雇员相关的法律法规及相关活动——此类事务在美国非常复杂，在墨西哥也同样复杂——从而将美国或日本工厂的业主解放出来，专注于业务发展。

没有任何理由相信，发达国家在雇佣规则和规范方面的成本或对雇佣规则和规范的需求会呈下降趋势。恰恰相反，以美国迫切需要的《患者权利法案》（Patient's Bill of Rights）为例，它的通过必然会导致另外一个层级机构的成立，而这将是雇主所必须应对的一个机构，因而也就需要准备另外一套报告和文书，同时还要应对纷至沓来的投诉、纠纷和诉讼。

高度细化的组织

除了想避开法律法规的成本及其干扰外，临时工作人员的崛起和专业雇员组织的兴盛还有另外一个重要原因：知识工作的本质，特别是知识工作者高度专业化的事实。大多数大型的知识型组织都有很多专家，对这些专家进行有效管理是一个巨大挑战，而这样的挑战恰好是人力派遣机构和专业雇员组织可以帮助解决的。

不久之前，甚至在20世纪50年代，美国尚有多达90%的劳动人口被归入“非豁免员工”（nonexempt）类别，即按照组织指示做事的下属。“豁免员工”（exempt）是指负责给出指示的主管人员。大多数非豁免员工都是蓝领工人，自身所掌握的技能较少，受教育程度也不高。他们通常在车间或办公室从事重复性工作。今天，美国总劳动人口中，蓝领工人占比已不超过1/5，知识工作者占了2/5。虽然知识工作者也有自己的主管，但他们和主管之间并不是上下级关系，而是同事关系。在各自的专业领域，他们应该是给出指示的工作人员。

最重要的是，知识工作者并不是一个同质的群体，因为只有专业化的知识才是有效的。这一点在增长最快的知识工作者群体中尤为明显，这其实也是整个劳动人口中增长最快的群体，比如计算机维修人员、律师助理和软件编程师等知识型技术人员。由于知识工作是专业化的工作，所以即便是在大型组织中也是高度细化的。

这方面最好的例子就是医院。医院是迄今为止最复杂的人类组织，但同时也是发达国家过去三四十年里成长最快的组织类型之一。一家拥有 275 张或 300 张病床的中等规模的社区医院，大约需要 3 000 名工作人员，其中近一半是各领域内的知识工作者。在这些知识工作者群体中，有两个群体人数众多：各业务部门的护士和专科医生，各达数百人。但就医生和护士之外的医务辅助人员而言，他们大约分归 30 个专业部门：物理治疗师、实验室工作者、精神科社会工作者、肿瘤科技术人员、手术准备团队人员、睡眠门诊工作人员、超声波技术人员，以及心脏科门诊专业人员等。

所有这些专业部门都有自己的规则规范、教育资格要求，以及评审流程等。然而，在任何一家医院，每一个专业领域都只有少数从业人员。比如，在一家拥有 275 张病床的医院，营养学家可能只有七八名。然而，每一个群体都期望也要求特殊待遇。他们期望且需要高层管理人员了解他们的工作状况，了解他们所需的设备，了解他们与医生、护士和业务办公室之间的关系。此外，对这些专业人员来说，他们在医院中是没有职业晋升机会的，他们也不想成为医院的管理者，再说，他们也没有机会得到这类职位。

目前，很少有企业能像医院一样拥有如此众多的专业人员，但它们正朝着这个目标迈进。我知道的一家连锁百货商店，现在设有十五六个不同的知识部门，比如零售采购员、展示人员、销售员，以及促销和广告人员等，而且旗下的每一家店都配备了一定数量的专业人员。金融服务业也如此。在金融机构，知识工作者的分工越来越专业化，而机构内的职业晋升机会则越来越少。比如，为零售客户挑选、推荐共同基金的专家，不太可能会成为服务个人账户的销售人员。而且，对于管理机构内规模较大的团队，他们可能也不是特别感兴趣，充其量只会愿意管理一个小团队，比如那种只有几名同行的团队。

在美国，医院通过打包外包方式，已经大致解决了知识的专业化问题。很多医院的知识部门都由不同的外包服务商管理。比如，负责输血工作的小组，可能会由一家专业输血公司管理，而这家专业输血公司又同时负责管理其他多家医院的输血部门。同专业雇员组织一样，这家公司是输血部门工作人员的联合雇主。在该网络内，作为个体的输血专家是有职业晋升机会的：如果工作表现优异，他们可以晋升、转任到规模更大、待遇更好的医院，负责那里输血部门的管理工作，或者升任更高一级的主管，监管该网络内的多个输血部门。

无论是大型人力派遣公司还是专业雇员组织，它们都致力于为医院的专业化工作提供全方位服务。对于高度专业化的知识工作者，它们的客户缺乏有效的管理能力、安置能力，以及满足他们需求的能力。在这方面，即便是它们最大的客户也不例外。由此可见，无论对雇员还是他们的雇主来说，人力派遣公司和专业雇员组织都发挥了非常重要的作用。正因如此，专业雇员组织可以声称，而且显然也可以通过文件来证明，其所属雇员对所从事工作的满意度很高，而这与人际关系理论的所有预测都是相反的。举例来说，一名供职于某中型化学公司的冶金专家，或许待遇优厚，而且工作也有趣，但这家公司只需要少量这方面的专家，因而雇用的人很少。在公司高层，没有人了解这名冶金专家在做什么、应该做什么，以及可以做什么；此外，他也没有晋升为公司高管的机会，除非某个偏远地区恰好出现了空缺，但如果接任，则意味着他要放弃多年来所学的专业，并放弃这份喜爱的工作。而在经营良好的人力派遣机构，这名冶金专家则可以被安排到最适合他的岗位上，也就是让他能做出最大贡献的地方。作为一名成功的冶金专家，他的职位和薪水只会越来越高。

在专业雇员组织提供的全面服务合同中，有明确条文表示其有责任和权利将合适的人安排到合适公司的合适岗位上。值得一提的是，全面服务合同也是很多专业雇员组织所提供的唯一合同样本。对专业雇员组织来说，如何平衡对企业客户和对雇员的双重责任，可能是它所面临的最重要也最具挑战性的工作。

公司的迷茫

人力资源政策依然认为，在一家公司工作的大多数人乃至所有人都是这家公司的雇员。但正如我们已经看到的，这并非事实。比如，在管理某公司计算机系统或呼叫中心的工作人员中，有些是临时工作人员，有些是外包服务公司的雇员，还有一些是年龄较大的兼职人员，他们已经提前退休，但仍从事一些特定的工作。正是这种高度细分，让人看不清组织的全貌。

人力派遣机构声称它们提供的是生产力，换句话说，就是替代组织担负起工作的监督职责，但至于它们怎么做到则很难看得出。它们给客户提供的人员的生产力，不仅取决于这些人员被安排的方式以及岗位，也取决于由谁来管理和激励他们。人力派遣机构对后两项没有控制权。而专业雇员组织只负责管理客户的正式雇员，未必会管理兼职工作人员、临时工作人员或合同工作人员。

这种监督上的缺失是真正的问题所在。每一家组织都必须担负起对工作人员的管理责任，因为组织的生存和发展依赖于他们的生产力和绩效，无论他们是临时工、兼职人员、正式工，还是外包服务商、供应商和分销商的雇员。

有迹象显示，我们正朝着强化监督的方向发展。一家欧洲跨国消费品制造商准备把它规模庞大、备受赞誉的雇员管理部门剥离出去，成立一家独立公司，作为母公司及其全球雇员的专业雇员组织。

该组织还将管理并利用母公司的非传统雇员关系。最终，这家内部专业雇员组织还将成为如下人员的联合雇主：该跨国公司的供应商和分销商的工作人员，以及该跨国公司200余家合资企业和联合企业的工作人员。

竞争优势的来源

其实，与50年前相比，现在组织更应高度关注所有工作人员的健康与福祉。知识型劳动人口和低技能劳动人口之间存在着质的差别。诚然，知识工作者在劳动总人口中只占少数，而且这种状况也不太可能发生改变，但他们已经成为财富和就业机会的主要创造者。事实上，企业的生存与成功将越来越依赖于其知识工作者的绩效。根据统计学定律，一家组织不可能雇用到太多的"更优秀人才"，因而在知识型经济和社会中，它唯一能够胜出的方式就是让知识工作者产出更多的成果，即通过管理来提升知识工作者的生产力。这个挑战，用一句话来说就是"让平凡的人做不平凡的事"。

传统劳动人口生产力的提升得益于组织体系，比如泰勒的标准化管理、亨利·福特的流水线作业和爱德华兹·戴明的全面质量管理等。体系代表的是知识。体系之所以富有成效，是因为它能让个体工作者在缺乏相应知识或技能的情况下，依然保持良好的工作表现。事实上，在装配车间或推行全面质量管理的工厂，高技能人员对其同事乃至整个体系来说可能是一种威胁。然而，在知识型组织中，正是个体工作者的生产力确保了整个体系的成功。在传统劳动人口中，工作者为体系服务；在知识型劳动人口中，体系必须为工作者服务。

有足够多的知识型组织可以向我们展示这其中的内涵。一所大学之所以伟大，是因为它吸引和培育了高质量的教师和学者，从而使得它有能力开展高质量的教学和研究活动。歌剧院也是如此。但在知识型机构中，与知识型企业最相似的还是交响乐团——大约 30 种不同乐器的演奏者组成一个团队，共同演奏一个乐谱。一支伟大的交响乐团并不是由伟大的音乐家组成的，而是由可以胜任的、表演处于巅峰状态的音乐家组成的。当一名新任指挥受命改造一支迷失方向多年、疏于管理的乐团时，按照通常做法，他只能解雇少数最懒散的或最落伍的演奏人员。他也不能招聘很多新成员。他必须要让自己接手的这支乐团变得富有成效。为此，成功的指挥会与乐团的每一名成员以及整个乐器演奏团队密切合作。这名指挥和演奏人员都属于“豁免员工”，所以，能否改变现状，将取决于指挥的人际关系技能。

要把重点放到知识工作者的生产力上，这一点怎么强调也不为过。知识型劳动人口的一个关键特征是，他们不是劳动力而是资本，而决定资本绩效的并不是资本的成本。重要的不是投入了多少资本，否则苏联轻轻松松就能成为世界上排名第一的经济体。真正重要的是资本的生产力。苏联的经济崩溃，很大程度上是因为它的资本投资的生产力低到了难以置信的水平。在许多情况下，它还不到市场经济中资本投资的生产力的1/3，有时甚至还是负的，比如在勃列日涅夫时期进行的大规模农业投资。失败的原因很简单：没有人关注资本的生产力，没有人对资本的生产力负责，没有人会因生产力的提升而获得奖励。

市场经济中的私营部门也给出了同样的教训。在新兴行业中，企业可以通过创新来获取和保持领导地位；而在成熟行业中，处于领先地位的公司，几乎无一例外地都是资本生产力表现卓越的公司。

比如，在20世纪初，通用电气通过创新技术和创新产品同西屋和西门子等竞争对手竞争。但在20世纪20年代初，随着电动机械学领域快速技术创新时代的结束，通用电气把重点转到了资本生产力的提升上，以此获得了决定性的领导地位，并一直保持至今。同样，西尔斯在其辉煌时期——从20世纪20年代末到60年代——靠的也不是商品或定价，它的竞争对手如蒙哥马利·沃德百货公司（Montgomery Ward）在这两方面做得都很好。西尔斯的成功就在于，它用一美元所实现的价值，大约是美国其他零售商的两倍。知识型企业同样需要专注资本的生产力，也就是知识工作者的生产力。

解放经理人

人力派遣公司和专业雇员组织——尤其是后者——将经理人解放了出来，让他们有更多时间和精力专注于业务，而不是与雇佣相关的规则、规范和文书工作。把1/4的个人时间花费在与雇佣相关的文书工作上，实际上是对珍贵、高昂和稀缺资源的浪费。这种工作索然乏味，会让人自贬身价，会使人营私舞弊，而它唯一能教给我们的就是更高明的作弊技巧。

因此，公司完全有理由加大努力，清除与雇员关系相关的繁杂的例行事务：或是强化公司内部的雇员管理体系，或是将雇员关系外包给人力派遣公司或专业雇员组织。但在此过程中，公司要保持谨慎，避免损害或破坏公司的人员关系。事实上，减少文书工作的主要好处，或许就是可以腾出更多时间用于人员关系的管理。管理者要向大学里卓有成效的院系主任学习，要向交响乐团里成功的指挥学习：通向卓越的关键是发掘和开发人员的潜力。要建立一个优秀的大学院系，需要把时间花到有前途、年轻的博士后人员和助理教授身上，直到他们在工作上出类拔萃为止。要打造一支世界级的交响乐团，需要一遍遍地排演交响乐曲的同一乐章，直到第一单簧管演奏出指挥所认可的乐音为止。这一原则也是工业实验室中研究主管取得成功的原因。

同样，知识型企业的领导者必须把时间花在有前途的专业人士身上：去了解他们，也让他们了解你；为他们提供指导，倾听他们的心声；挑战他们，鼓励他们。即便他们不是传统雇员（法律意义上的雇员），但仍旧是组织的资本资源，对组织的业务绩效起着至关重要的作用。与雇员关系相关的行政管理任务，可以并且应该以系统化的方式进行处理，这意味着这些任务可以（或许应该）摒弃个人色彩。但如果雇员关系已经被外包了出去，管理者则需要同专业雇员组织的对接主管保持密切合作，专注于知识工作者的专业发展、动机、满意度和生产力。毕竟，他们的成效取决于知识工作者的表现。

现代组织兴起于工业革命时代，棉纺厂和铁路属于最早的一批。虽然作为前所未有的新事物出现，但它们依然依赖于体力劳动，就像早前的所有工作一样，比如耕种、制造、支票的人工清算或人寿保险索赔的分类入账等。这种情况一直持续到五六十年前，即便在最发达的经济体也不例外。因此，知识工作和知识工作者的兴起所带来的变革意义，丝毫不亚于很多年前工业机械化带来的变革意义，甚至前者的意义更大。而在我们这个知识型社会和经济体系中，知识工作和知识工作者还是资本的主要来源，其意义之重大就更不用提了。

这种转变所需要的并不仅仅是少数几个新的计划和少数几种新

的实践，它需要的是新的衡量标准、新的价值观、新的目标和新的政策。可以预见的是，我们需要很多年的时间才能完成这些工作。不过，有足够多成功的知识型组织会告诉我们在今天的公司中管理雇员的基本假设：雇员可能是我们最大的负债，但也是我们最大的机会。

（首次发表于《哈佛商业评论》2002 年 2 月刊）

第七章
新生产力的挑战

管理者面临的挑战是如何有效提升知识和服务工作者的生产力，这也将直接决定公司未来的竞争绩效。这需要我们明确界定任务；集中精力并专注于任务；明确界定绩效；向从事具体工作的人询问提升该项工作的生产力的方法；强化培训和组织内的经验分享，致力于打造学习型组织。

在发达国家，经理人面临的单一最大挑战是如何提升知识工作者和服务工作者的生产力。这个挑战将会是未来几十年里管理议程中的主导议题，最终也将会决定公司的竞争绩效。更重要的是，它将会决定每一个工业化国家的社会结构和生活质量。

过去的120年里，发达国家在制造和运输方面的生产力（在制造、农业、采矿、建筑和交通运输等方面的生产力）以每年3%~4%的速度增长；整体来看，较原水平提升了45倍。正是这一爆炸式增长，使这些国家以及它们的公民获益匪浅：可支配收入和购买力大幅增长，教育和医疗保健广泛普及，有了闲暇时间。1914年之前，只有贵族和“无所事事的有钱人”才有空闲，其他所有人每年至少要工作3 000个小时。（今天，即便是日本人，每年工作时间也不会超过2 000个小时，而美国人平均每年工作1 800个小时，联邦德国人平均每年工作1 650个小时。）

现在，这些成果已经开始消散。这并不是因为制造和运输的生产力出现了下降，相反，这些活动的生产力仍以与过去大致相同的速率在增长。而且，美国制造和运输生产力的增速丝毫不亚于日本或联邦德国。事实上，在20世纪80年代，美国制造部门生产力的年平均增速约为3.9%，若按绝对值计算，实际上是高于日本和联邦德国的；而美国农业部门生产力的年平均增速在4%~5%之间，放眼全球，也是有史以来最高的。

生产力革命的结束，是因为从事物品制造及运输的人太少了，以至他们的生产力无法起到决定性作用。总体来看，在发达经济体，他们占总劳动人口的比例不超过1/5。而仅仅30年前，这一比例还接近50%。目前，日本仍是一个制造密集型国家，但即便如此，它也不再期望通过该部门的生产力提升来维系经济增长。事实上，在日本的劳动人口中，绝大多数是知识和服务工作者，生产力同其他任何发达国家的同类工作者的生产力一样低效。在美国、日本以及大多数西欧国家，农民在总就业人口中的占比仅为3%，即便他们的产出创出新高，对所在国家的整体生产力和财富的贡献也是杯水车薪。

因此，发达国家的首要经济任务是提升知识和服务工作的生产力。率先做到这一点的国家将会成为21世纪的经济强国。其中最紧迫的社会挑战，是提升服务工作的生产力。除非解决了这一难题，否则发达世界将会面临越来越严重的社会关系紧张、两极分化、激进主义，甚至可能爆发阶级战争。

在发达经济体，职业发展和晋升机会越来越局限于那些接受过高等教育、有资质从事知识工作的人群。但他们永远都是少数。那些缺乏资质、只能从事低水平服务工作的人，在数量上永远都会超过他们。从社会地位上讲，这些从事低水平服务工作的人就像是100年前的无产阶级，即那些没有受过什么教育，也没有什么技能的人群，他们拥入爆炸式增长的工业城市，并成为城市工厂里的工人。

– 观点概述 –

100年前，弗雷德里克·泰勒引发了一场管理革命。通过研究物品制造和运输的最佳工作方法，泰勒为提升制造部门的生产力奠定了基础，让普通劳动者挣到了熟练手工艺者的工资。

今天，发达经济体需要另外一场生产力革命，这次是知识和服务工作的革命。最先提升这两个领域生产力的国家，将会成为下一个世纪的经济强国；而未能做到这一点的国家，特别是那些未能提升服务工作生产力的国家，将会面临日趋严重的社会紧张关系，甚至是阶级战争。

这场新生产力革命的关键在于泰勒所称的“聪明工作法”

（Working smarter）[1]。就知识和服务工作部门而言，“聪明工作法”需要如下5个明确步骤：

1. 明确界定任务。对于每一项工作，我们不仅要问：“努力实现的目标是什么？”同时也要问：“我们必须要做吗？”提升生产力的最简单的方法就是排除那些没有必要去做的事情。
2. 集中精力并专注于任务。“工作丰富化”附加了很多额外的工作，使雇员偏离了创造价值的轨道。
3. 明确界定绩效。对知识工作来说，绩效意味着质量。对服务工作来说，质量和数量一同构成了绩效。还有一部分服务工作属于生产性工作，其绩效主要是由所完成的工作数量来衡量的，质量只是一个外部标准。
4. 向基层雇员询问提升该项工作生产力的方法。今天的经理人必须同雇员建立伙伴关系。
5. 强化培训和组织内的经验分享，推动持续学习，致力于打造学习型组织。

---

① 在医疗保健领域，应用“聪明工作法”的少数尝试包括：罗克珊·斯皮策，《护理生产力：医院生存与盈利的关键》(Chicago:S-N Publications，1986)；雷吉娜·赫兹林格，《打造新的医疗保健事业》(Gaithersburg, Md.: Aspen Publishers, 1991)。

19 世纪 80 年代初，各个政治派别的聪明观察者，无不沉迷于工业无产阶级和资产阶级之间可能发生的阶级战争。卡尔·马克思预测，无产阶级贫困化必然会导致革命；但在那个时代，他并不是唯一持此观点的人。本杰明·迪斯雷利可以说是 19 世纪最伟大的保守派人士，同样认为阶级战争不可避免。作为美国富豪和欧洲贵族的记录者，亨利·詹姆斯也非常担心阶级战争的爆发，并以此作为中心主题创作了《卡萨玛西玛公主》(*The Princess Casamassima*)，而这也是他最令人难忘的小说之一。

关于阶级战争的预言，在当时看来是极有可能的；事实上，对那个年代的人来说甚至是不言而喻的。但它们最终落空了，而原因就在于制造和运输业生产力革命。生产力革命是由泰勒于 1881 年引发的，当时他正着手研究普通铲沙工的工作方式。泰勒本人早前曾在钢铁厂工作，对工人和经理人之间存在的强烈敌意深感震惊。由于担心这种仇恨最终引发阶级战争，他开始着力改善产业作业的效率。反过来，他的努力引燃了一场革命，让缺乏技能的、受教育水平不高的产业工人挣到了中产阶级的工资收入，并取得了中产阶级的社会地位。到 1930 年，按照马克思的预测，这时无产阶级革命应已发生，但事实是，此时的无产阶级已成为资产阶级。

现在该是发起另一场生产力革命的时候了。不过，这次历史站在了我们这一边。在过去的一个世纪里，我们对生产力以及如何提升生产力已经有了相当的了解。基于所掌握的知识，我们足以知道我们现在需要一场生产力革命，并知道该如何发起这场革命。

知识和服务工作者涵盖广泛，从科学家和心脏外科医生到制图员和商店经理，再到周六下午在快餐店烤汉堡的16岁青少年，无一不包。机器操作员也属于此类工作者，比如洗碗工、看门人和数据录入员等。尽管在知识、技能、职责、社会地位和薪水等诸多方面存在差异，但知识和服务工作者在两个关键方面却非常相似：什么无助于提升他们的生产力，以及什么有助于提升他们的生产力。

我们首先了解到的是什么无助于提升他们的生产力，这个结果令人震惊。资本无法代替劳动，新技术本身也不会产生更高的生产力。在制造和运输工作中，用经济学家的话来说，资本和技术是生产要素；而在知识和服务工作中，它们是生产工具。这里的区别就在于生产要素可以取代劳动，而生产工具则未必可以。生产工具是有助于提升生产力还是会损害生产力，取决于人们用它们来做什么，或者使用者的技能。举例来说，30年前，我们坚定地认为，计算机的效率将会导致文书工作人员和办公室职员大幅减少。鉴于生产力有望得到大幅提升，我们大规模投资数据处理设备；时至今日，该领域的投资规模已经赶上了材料工艺技术领域（传统机械）的投资规模。因此，自信息技术引入以来，办公室职员和文书工作人员的增长速度却超过了以往任何时候。不过，相对于制造和运输工作，服务工作的生产力并未得到任何提升。

医院是一个明显的例子。在20世纪40年代末，医院整体上还是劳动密集型组织，只有极少的资本投资，且主要投在实体建筑和病床上。当时许多声誉良好的一流医院甚至都没有投资那些存在已久的现成技术：它们没有设立X射线科室，没有建立临床实验室，也不提供物理疗法。今天，医院已经转变成为资本密集型组织，大规模投资超声波、身体扫描仪、核磁共振成像仪、血液和组织分析设备、洁净室，以及其他诸多新技术。医院所采购的每一种新设备，都需聘请薪水更高的专业人员来操作，但现有工作人员一个也没有减少。（其实，全球范围内医疗保健成本的激增，主要还是因为医院已成为集劳动密集型组织和资本密集型组织于一体的庞然大物。）但至少，医院显著提升了自身的业务表现能力。而在知识或服务工作的其他领域，则只有更高的成本、更多的投资和更多的人员。

大规模提升生产力是走出这一困境的唯一路径。而大规模提升生产力的唯一方法，则是泰勒所称的聪明工作法。简而言之，这意味着要采取更富有成效的工作方法，而不是加大劳动强度或延长劳动时间。

经济学家认为，资本投资是提升生产力的关键；技术专家认为，新机器是提升生产力的关键。但不管怎么说，生产力提升的主要推动力还是聪明工作法。就发达国家而言，无论是在工业革命的第一个百年还是第二个百年，资本和技术都非常充裕，但直到聪明工作法出现之后，制造和运输的生产力才开始迅速增长。

知识和服务工作也是如此，但这里有一个差别：在制造部门，聪明工作法只是生产力提升的关键因素之一，而在知识和服务工作部门，聪明工作法是唯一的关键因素。此外，这也是一个更复杂的关键因素，需要以泰勒从未曾想过的方式密切审视工作。

在研究铲沙工作时，泰勒唯一关心的问题是："它是如何完成的？"而近50年之后，哈佛大学的埃尔顿·梅奥决意推翻泰勒的"科学管理"，发明了后来被称为"人际关系"（human relations）的理论并取而代之。不过，他关注的是同一个问题。在西方电气公司（Western Electric）旗下的霍桑工厂（Hawthorne Works）开展实验时，梅奥问："对于电话设备的线路装配，怎样才能做到最优？"这个问题的重点是，在执行与物品制造和移动相关的任务时，人们总是想当然地去做。

然而，在知识和服务工作中，与提升生产力和聪明工作法相关的首要一组问题必然是："我们的任务是什么？我们试图达成的目标是什么？我们为什么要做？"在这类工作中，提升生产力的最简单方式——或许也是最有效的方式——就是明确界定任务，特别是要排除那些没有必要去做的事情。①

有个很久之前的例子，但用在这里依然极为合适：西尔斯早年的邮购订单处理业务。1906—1908 年，西尔斯取消了一项费时的工作：针对邮购订单的点钱工作。西尔斯不再要求工作人员打开那些随订单附上的装钱的信袋，而是采用自动称重的计量方式。在那个年代，几乎所有的西尔斯顾客都是用硬币付款的。如果信袋的重量与订单金额的重量相差无几，那么就不用打开信袋清点。西尔斯还取消了另外一项更费时的任务：记录所接收的每一笔订单。取而代之的是按照邮件重量（比如每一磅重的邮件有 40 笔订单）处理订单，安排发货工作。在短短两年的时间里，基于这些措施，整个邮购订单运营部门的生产力提升了 10 倍。②

某大型保险公司理赔部门的生产力近期提升了近 5 倍——每件理赔案的处理时间从 15 分钟降到了 3 分钟，原因是取消了除大额理赔案之外的其他所有理赔案的细节核查工作。以前每个理赔案理算人员需要核查 30 个项目，而现在只需核查以下 4 个项目：政策是否依然有效，保险金额与索赔金额是否相符，投保人的姓名与死亡证

① 参见迈克尔·哈默《企业再造：不要自动化，要裁撤》一文，《哈佛商业评论》，1990 年 7—8 月刊；参见彼得·F.德鲁克《成本的削减》一文，《华尔街日报》，1991 年 1 月 11 日。

② 参见鲍里斯·埃米特、约翰·约伊克斯，《邮购目录与收银台：西尔斯公司史》（芝加哥大学出版社，1965）。

明上的姓名是否相符，受益人的姓名与索赔申请人的姓名是否相符。该保险公司之所以做出这种改变，是因为它问了自己这样一个问题：“我们的任务是什么？”答案是：“以尽可能快的速度和尽可能低的成本完成死亡理赔工作。”如今，这家公司只需抽检2%的理赔案，便可控制整个业务流程。也就是说，每50件理赔案，仅需以传统方式核查其中一件即可。

同样，有一些医院已经省下了住院流程中所耗费的大部分劳力和费用，而方法就是以对待急诊病人（患者已失去意识，或因流血不止而不能填写冗长的表格）的方式对待所有住院病人。这些医院住院部的工作人员会问自己：“我们的任务是什么？”答案是：“确认病人的姓名、性别、年龄、住址和付费方式。”所有这些信息都写在个人保险卡上，而几乎所有住院病人都随身携带保险卡。

这两个都是有关服务工作的例子。在知识工作中，明确界定任务并排除那些没有必要去做的事情，则更有必要，也会产生更大的成效。我们来看看某跨国公司是如何重新定义它的战略规划的。

多年来，该公司45名聪明能干的规划人员一直精心编制详尽无遗的战略方案。这些文件的质量是一流的，会引人阅读，发人思考，这在公司内部是共识。但问题是，它们对公司运营却没有产生多少积极影响。后来新上任的首席执行官问：“我们的任务是什么？”答案是：“指明业务的方向和目标，并给出达成这些目标的战略。”为此，他们花了4年时间努力调整工作方向，其间还经历了多次挫折。

但现在，规划人员（总人数与先前大致相当）针对公司的每一项业务仅研究三个问题：这项业务需要何种市场占有率才能保持领先地位？它需要何种创新绩效才能支持这一市场占有率？它需要达到何种水平的最低回报率才能赚回资本成本？然后，规划人员与各项业务的运营高管合作，共同拟定在不同经济条件下达成目标的战略指导方针。而由此拿出的最终规划成果也更为简练、更通俗易懂，成为指导公司各业务部门及各业务部门高管的“飞行计划”。

在制造或运输时，人们一次只能做一件事。比如，泰勒研究的铲沙工人只负责铲沙，并不同时负责烧火炉；梅奥研究的电话线路房里的女工，只负责线路装配，并不同时负责旁边成品电话的测试；艾奥瓦州种植玉米的农场主，不会在农作时离开他的拖拉机去开会。知识和服务工作也同样需要专注，需要集中精力。外科医生不会在手术室里接听电话；同样，律师在与客户商谈时也不会接听电话。

大多数知识和服务工作是在组织里开展的，但在组织中，工作注意力的高度分散却越来越成为常态。那些身居最高位的管理者有时能集中精力做事（不过屈指可数，很多人连试都没试过）。绝大多数的工程师、教师、销售员、护士，以及中层经理等，如今所要承担的附加工作越来越多。这些附加工作所创造的价值微乎其微，而且与这些专业人士的技能和薪水也没有多大关系。

在这当中，最糟糕的例子可能就是美国医院的护士了。我们经常听到护士短缺的消息，但这怎么可能是真的呢？很多年来，进入这个行业的毕业生一直呈稳定增长趋势。与此同时，住院病人的数量呈大幅下降趋势。对于这个悖论的解释是：现在护士仅用一半的时间来做她们的本职工作——护理，而另一半时间则被其他活动吞噬。这些活动不需要她们所学的技能和知识，不会创造医疗保健价值或经济价值，与病人护理和病人健康也基本无关。这其中当然就包括与医疗保险计划、医疗救助计划、保险、费用结算和医疗纠纷预防等相关的海量文书工作。

高等教育部门也面临类似的问题。大学教职人员把太多的时间花在了各种委员会的会议上，而不是课堂教学、对学生的指导或研究工作上。但在这些委员会中，能被教职人员真正记住的屈指可数。再者，如果这些委员会的成员只有 3 名而不是 7 名，那么它们花更少的时间就能把事情做得更好。

销售部门的情况也大致如此。在百货商店，销售员把大量时间花在了计算机操作上，以至没有时间来服务客户，这或许就是销售员的生产力呈稳步下降趋势的主要原因。对现场销售代表来说，他们需要用多达 1/3 的时间来写各种报告，而不是拜访客户。工程师也是一样，他们参加一个又一个的会议，但这些时间本应该是用来忙本职工作的。

这不是工作丰富化；相反，这是工作赤贫化。它破坏生产力，削弱创新，打击士气。所有的问卷调查均显示，护士对无法将更多时间用于护理病人而深感不满。她们还认为，她们的专业工作的薪酬被严重低估了。这是可以理解的。而院方管理层则认为，护士的薪酬被严重低估了，因为她们实际上从事的是一些不需要太多技能的文书工作。这同样也是可以理解的。

一般来说，这类问题的解决方案是非常简单的：让雇员集中精力从事本职工作。在该案例中，就是让护士集中精力护理病人。这是聪明工作法的第二步。比如，有少数医院已经将原本由护士负责的文书工作划给了前厅办事员，后者也负责接听病人亲友的电话，并帮助安排送花等事宜。如此一来，护士花在护理工作上的时间大幅增加，护理水平也大幅提高。此外，这些医院也可以由此而减少1/4乃至1/3的护理人员，节省下来的费用则可用来给其他护理人员加薪——这不会导致护理部门总薪酬的增加。

为做出这样的改进，我们必须针对所有的知识和服务工作提出第二组问题："我们付出薪酬是为了什么？这份工作会带来什么价值？"这些问题的答案并非总是显而易见或毫无争议的。一家百货商店看了看自己的销售团队，然后回答说："销售业绩。"而另外一家处于同一都市区、客户群大致相同的百货商店则回答说："客户服务。"不同的答案，带来的是不同形式的工作调整。但这两家百货商店都迅速实现了销售收入的大幅增长；也就是说，作为个人的销售员和作为整体的销售团队，其生产力和盈利能力都有了大幅提升。

尽管泰勒提出的科学管理产生了巨大影响，但该方法一直颇受非议，特别是在学术界。究其原因，可能主要源于美国工会在20世纪初对该方法以及泰勒本人发起的持续抨击。工会并不是因为泰勒损害劳工利益或偏袒管理层而反对他。事实上，他既没有损害劳工利益，也没有偏袒管理层。工会认为他不可宽恕的“罪恶”，在于他声称制造和运输不需要任何“技能”。泰勒断言，所有这类工作都是一样的，而且都是可以分开分析的，因为一系列不需要技能的操作可以组合成任何形式的工作。任何愿意学习这些操作的人，都会成为一流人才，都值得领取一流工资。他可以做最先进的工作，而且可以做到完美。

对1900年以技能为基础而建立的工会来说，泰勒的断言无疑是一种赤裸裸的攻击。那些备受尊敬、权势极高的工会，更是感觉如此。在那个时代，它们掌控着美国一些最先进的制造基地，比如兵工厂和海军造船厂等，而美国军方在和平时期的所有生产几乎都是在那里进行的，这种情况直到“一战”爆发之后很久才有所改观。对这些工会而言，每一种工艺都是会员不可外传的秘密。它们的权力基础是对学徒制的控制：每名学徒需要5~7年的时间才能出徒，而且这些学徒通常都是会员的亲属。工会里工作人员的薪水极高，超过那个时代的大多数医生，是泰勒所说的一流人才所得薪水的3倍。这也难怪那些工会贵族对泰勒的断言大为恼火了。

对工艺和技能神秘性的信仰，依然存在着，对学徒制的假设也如此。该假设认为一个人需要很多年的时间才能掌握一门工艺和技能。事实上，希特勒对美国发起战争，也是基于这一假设而做出的决定。他深信，培养熟练的光学工人（其所掌握的技能对现代战争至关重要）需要 5 年乃至更长时间，所以据此认为美国至少也需要 5 年的时间才能在欧洲战场部署强有力的陆军和空军力量。于是，在日本偷袭珍珠港之后，德国对美国宣战。

现在我们知道泰勒是对的。在 1941 年时，美国几乎没有熟练的光学工人，而现代战争的确需要大量的精密光学设备。但通过运用泰勒的科学管理的方法，在短短几个月的时间里，美国就培训出了半熟练工人，他们制造的光学设备远比当时德国的先进，而且还是流水线作业。此时，泰勒所称的一流人才也因生产力的提升而获得丰厚报酬，其薪水之高，远超出 1911 年时熟练工人的想象。

最终，知识工作和服务工作也可能成为类似制造和运输的工作——用流传已久的科学管理口号来说，“只是工作而已”（至少这是泰勒思想的真正继承者、人工智能的激进倡导者所坚称的）。但就目前而言，我们决不能把知识和服务工作视为某种单纯的同质化的工作。相反，按照给定工作的实际生产绩效，这些工作可以划归三个明显不同的类别。

明确界定绩效是聪明工作法的第三步。

首先，对部分知识和服务工作来说，绩效意味着质量。以研究实验室里的科学家为例，成果的数量显然是要排在质量之后的。年销售额可达 5 亿美元，并会在未来 10 年内主导市场的一种新药物的价值，远远高于年销售额分别为 2 000 万美元或 3 000 万美元的 20 种仿制药物的总价值。同样的原则也适用于基本政策或战略决策，以及一些更为平凡的工作，比如医生的诊断、包装的设计或杂志的编辑等。在所有这些案例中，我们无从分析高质量的结果是如何产生的。因而，为提升生产力，我们只能问："什么发挥作用？"

其次，对大部分知识和服务工作来说，质量和数量一同构成了绩效。百货商店的销售工作就是一个例子。获得客户的满意与实现销售额同等重要，但何谓客户满意并不容易界定。同样，对建筑制图员来说，制图质量是他工作绩效的重要组成部分，但制图的数量也是不可或缺的一部分。工程师、证券营业部销售代表、医学实验室技术人员、银行支行经理、记者、护士，以及保险理赔员等，也是如此。提升这类工作的生产力不仅要问"什么发挥作用"，而且还要对工作过程做细致分析。

最后，还有很多服务工作（如文件归档、处理死亡理赔和整理病床等）绩效的界定，同制造和运输的工作绩效界定大致相同；也就是说，基本上是以数量界定的，比如整理好一张病床所需要的时间等。在这些"生产"工作中，质量主要还是一个外部标准，而不是绩效本身的一个属性。明确界定标准，并将这些标准纳入工作流程之中，是至关重要的。但一旦这些完成之后，真正的生产力提升将来自传统的工业工程；也就是说，先分析任务，然后再将单项的简单操作组合成完整的工作，进而实现生产力的提升。

明确界定任务，集中精力并专注于任务本身，明确界定绩效。仅仅遵循这三个步骤，便可实现生产力的显著提升——大多数目标的达成可能都得益于此。组织需要反复实践这些步骤，或许每隔三五年就该推倒重来；无论何时，只要工作或组织发生了变化，就必须推倒重来。但据我们的经验，由此而带来的生产力的提升足可与工业工程、科学管理或人际关系等方法在制造部门所取得的成就相媲美，甚至超过它们的贡献。换句话说，这项实务应会带来我们所需要的知识和服务工作的生产力革命。

但这里还有一个前提条件：我们要把自二战以来所学的有关提升制造和运输生产力的知识和技能应用到实践中。因而，聪明工作法的第四步就是管理层要与知识和服务工作者建立一种伙伴关系，以进一步提升他们的工作成效。组织必须把与生产力和绩效有关的责任纳入所有的知识和服务工作中，无论这些工作处于哪一层级、有何种难度或需要何种技能。

对弗雷德里克·泰勒来说，饱受批评的一点就是他从没有问过自己的研究对象该如何提升工作效率，他只是告诉他们该怎么做。

埃尔顿·梅奥也是一样。但泰勒（以及40年后的梅奥）的方法论只是时代的产物，而在那个时代，专家的智慧是占绝对上风的。（毕竟，弗洛伊德从未问过他的病人：你认为自己的问题可能是什么？也没有任何记载显示，马克思或列宁询问过民众的意见。）泰勒认为工人和经理人都是“沉默的公牛”（dumb ox）。虽然梅奥极为推崇经理人，但他认为工人是“不成熟的”和“心理失调的”，因而非常需要心理学家的专业指导。

然而，在二战到来时，我们必须请教工人，别无选择。美国工厂里没有工程师、心理学家或工头，他们都应征入伍了。我依然记得，那时我们非常惊讶地发现，工人既不是“沉默的公牛”，也不是“不成熟的”和“心理失调的”，他们非常了解自己的工作，包括工作的逻辑、节奏、质量和工具等。征询他们的意见，是解决生产力和质量问题的方法。[①]

起初，只有少数几家企业接受了这一新奇主张（IBM是先行者，而且在很长一段时间内，是真正践行这一思想的少数几家大公司之一）。不过，在20世纪50年代末和60年代初，这一思想被日本企

① 在1942年出版的《工业人的未来》（Greenwood, 1982年重印）和1950年出版的《新社会》（Greenwood, 1982年重印）中，我认为“负责任的工人”是“管理层的一部分”。爱德华兹·戴明和约瑟夫·朱兰根据他们的战时经验，提出了我们现在所称的“全面质量管理”和“质量圈”（quality circles）等概念。最后，道格拉斯·麦格雷戈在其1960年出版的《企业的人性面》（New York: McGraw Hill, 1985，25周年版）中提出了“X理论”和“Y理论”，有力地阐述了这一概念。

业家采纳。早前他们曾试图重建战前的专制体系，但因引发流血罢工事件，进而使整个国家陷入内战边缘，最终计划破产。现在，这一思想虽然远未被广泛实践，但至少在理论上，组织已经普遍接受了这样一个事实：工人所掌握的工作知识，是提升生产力、质量和绩效的起点。

然而，在制造和运输的工作中，与负责任的工人建立伙伴关系只是提升生产力的最佳方法，而非唯一方法。毕竟，泰勒只是告诉工人该怎么做，效果也很好。在知识和服务工作中，与负责任的工作者建立伙伴关系是提升生产力的唯一方法。

聪明工作法的最后一步包含两个部分的教训，这也是泰勒和梅奥所未曾了解到的。第一，持续学习必须与生产力的提升并肩而行。像泰勒那样重新设计一项工作，然后向工人教授新的工作方法，其本身并不能为持续学习提供支撑。训练只是学习的开始。事实上，日本人可以作为我们学习的榜样（这得益于他们古老的禅道）：训练的最大好处并不在于新知识和新技能的习得，而在于精益求精，追求更好。

同样重要的还有过去几年里所得的一个相关洞见：知识工作者或服务工作者在传授知识和技能时，获益最多的是他们自己。提高明星销售员的生产力的最佳方式，是让他们在公司的销售会议上分享“我的成功秘密”。提高外科医生绩效的最佳方式，是让他们在医学会上分享工作心得。我们经常听说，在信息时代，每一家企业都必须成为学习型组织，但同时，它们也必须成为教学型组织。

---

100 年前，阶级冲突的迹象是显而易见的。而阶级冲突乃至更严重的阶级战争之所以能被化解和避免，原因就在于工业劳动人口的生产力的提升。对于这样一种前所未有的现象，即便是它的主要推动者弗雷德里克·泰勒也难以用专用语言来描述。

今天，我们知道生产力是竞争优势的真正来源。但同时，我们也要认识到，生产力也是社会稳定的关键所在。由此，推动服务部门生产力的成长，使之媲美我们此前在制造部门生产力方面所取得的进展，是整个发达世界经理人的第一要务。

实际收入的增长速度不可能长期高于生产力的提升速度，这是一个经济学的真理。除非服务工作者的生产力快速增长，否则这部分人群的社会和经济地位必然会逐步下降（高峰时期，该群体的人数与制造部门的工人人数大致相当）。最低限度讲，这有可能引发经济停滞；往更坏的方面看，这有可能造成自工业革命早期以来最严重的社会紧张关系。

可以想象，服务工作者可能会利用他们的人数优势，获得高于其经济贡献的工资收入。但这只会造成整个社会的贫困化，拉低所有人的实际收入，并进一步推高失业率。或者，相对于富裕的知识工作者稳定增长的工资，非熟练和半熟练服务工作者的收入呈持续下降趋势。这只会导致两个群体之间原本就已存在的鸿沟越来越大，进而造成更严重的两极分化。无论出现哪一种情况，服务工作者的处境都会日趋恶化，他们会被进一步边缘化，并最终转变成为一个单独的阶级。

幸运的是，我们现在的处境要远远好于一个世纪前我们先辈的处境。他们不了解一个事实：生产力是可以提升的。我们也知道如何提升生产力。而对于当前最迫切需要提升生产力的工作，我们最清楚该怎么做：非熟练的和半熟练的服务工作，比如工厂、学校、医院和办公室的维修工作，餐厅和超市的柜台工作，保险公司、银行和各类企业的文书工作等，从本质上讲，这些都是生产工作，我们在过去 100 年里所学到的有关提升生产力的方法，只需稍做调整，即可应用于这些工作。

此外，在一些跨国维修公司采取的用以提升雇员生产力的措施中，已经运用了某种模式。这些美国和欧洲的雇主已经将本文所讨论的方法系统地应用于低技能的服务工作中。它们明确界定任务，集中精力专注于该项任务；明确界定绩效；与雇员建立伙伴关系；致力于提升生产力，并将雇员作为生产力提升的第一思路来源；把持续学习和持续教学纳入所有雇员以及所有团队的工作之中。结果就是生产力得到大幅提升，有的公司的生产力甚至倍增，进而为雇员带来了加薪空间。同样重要的是，这一流程也大大提升了工作人员的自尊心和自豪感。

外部承包商取得这些进展并非巧合。要想大幅提升生产型服务工作的生产力，通常需要把它外包给这样一类公司：它们没有其他业务类型；它们了解并重视该项工作；它们为低技能工作者提升晋升机会，比如晋升他们为当地经理或地区经理等。举例来说，医院的病床整理工作或大学的餐饮服务工作等，其所在组织对这类工作缺乏必要的了解和重视，因而也就不会投入足够的时间和精力，以让它们变得更富有成效。

我们当前所面临的任务是已知的、可行的，但也极为迫切。在提升服务工作的生产力问题上，我们不能完全依仗政府或政治，这是企业和非营利组织的经理人和高管的任务。实际上，它是知识型社会中管理人员的首要社会责任。

（首次发表于《哈佛商业评论》1991 年 11—12 月刊）

第八章

向非营利组织学习

在成功的非营利组织中，很多员工都是在其他机构从事全职工作的经理人和专业人士。这些人之所以愿意义务奉献，是因为组织给他们安排了有意义的任务；让他们对自己的绩效负责；为他们安排培训并作为一种激励方式；给予他们机会，让他们承担更重要的任务和更多的责任。

我们的非营利组织已经成为美国管理领域的领导者，比如女童子军（Girl Scouts）、红十字会（Red Cross）和牧区教会等。在战略和董事会效能这两个领域，它们已经在践行大多数美国企业仅停留在口头上的理念。而在最为关键的领域，即知识工作者的动机和生产力领域，非营利组织已经成为真正的先驱，它们推出的各项政策和实务将是企业未来必须学习的课题。

很少有人知道，现在非营利部门已经是美国最大的雇主。每两名成人中，就有一人担任志愿者，总计达8 000万人之多。他们每人平均每周为一家或多家非营利组织贡献5个小时的志愿服务时间，折算下来，这相当于1 000万个小时的全职工作时间。如果志愿者是领薪水的，即便按最低工资标准计算，他们的工资总额也将达到1 500亿美元，相当于美国国民生产总值（GNP）的5%。而且，志愿工作变得很快。不可否认，很多志愿工作并不需要技能或判断：在一年之中拿出某个周六的下午，为所在街区的社区福利基金（Community Chest）募捐，或陪伴小女孩挨家挨户兜售女童子军饼干，或开车送老人去看病。但越来越多的志愿者正成为“不领薪水的工作人员”，承担所在组织的专业工作和管理任务。

当然，并不是所有的非营利组织都做得很好。许多社区医院处于窘境之中。传统教会和各派别犹太教会的成员数量正呈逐步下降趋势，如自由派、保守派、福音派和原教旨主义派等。事实上，在过去的 10 年或 15 年里，非营利部门整体上没有扩张；无论是募集的资金规模（经通货膨胀率调整后）还是志愿者的人数，都没有增长。然而，在生产力、事业范围，以及对美国社会的贡献方面，非营利部门在过去 20 年里实现了惊人的增长。

救世军（Salvation Army）就是一个例子。在美国佛罗里达州，初次被判刑的犯人（大多是赤贫的黑人青年或西班牙裔青年）现在会获得假释，并交由救世军监管，每年约有 25 000 人。统计显示，如果这些年轻人被关进监狱，他们中的大多数最终会成为惯犯。但通过严格的工作计划，救世军可以矫正其中 80% 左右的人，而这些工作计划主要是由志愿者负责执行的。相比于把犯人关进监狱，这些计划的成本可以说是少之又少。

在救世军的该项计划以及其他非营利组织开展的卓有成效的计划的背后，是对管理的承诺。20 年前，“管理”对非营利组织的人员来说是个禁忌。因为管理意味着商业，而让非营利组织引以为豪的就是它们远离了商业主义的污染，它们不屑于考虑盈亏之类的“肮脏”事务。现在，大多数非营利组织已经知道，它们甚至比企业更需要管理，而原因就在于它们缺乏财务纪律。当然，非营利组织仍致力于“做善事”。但同时，它们也意识到，良好愿望并不能取代组织与领导力，也不能取代职责、绩效和结果。所有这些都需要管理，而管理则始于组织的使命。

– 观点概述 –

在美国佛罗里达，每年有大约 25 000 名初次犯罪者加入救世军的假释计划。统计数据显示，如果这些人被关进监狱，他们中的大多数人最终会成为惯犯。通过严格的工作计划，救世军可以矫正其中 80% 左右的人，而这些工作计划主要是由志愿者负责执行的。相比于把犯人关进监狱，这些计划的成本可以说是少之又少。

这一效能是最优秀的非营利组织的特征。20 年前，“管理”对非营利组织来说是个禁忌词。如今，非营利组织在两个领域给出了最佳实践：战略和董事会效能。而在企业面临最大挑战的领域，即知识工作者的动机和生产力领域，非营利组织已经成为真正的先驱。

在成功的非营利组织中，好心的业余人士正让位于不领薪水的工作人员；在这些不领薪水的工作人员中，很多都是在其他机构从事全职工作的经理人和专业人士。他们之所以到非营利组织做志愿者，是因为他们受到了这些组织的使命的感召，而他们留下来，则是因为这些组织知道如何让他们的能力和知识发挥作用。无论雇主是教会、女童子军还是企业，方法都是一样的：给人们安排有意义的任务，并让他们担负起责任；让他们对自己的绩效负责；为他们安排培训，并将此作为一种激励方式；给予他们机会，让他们担负起更重要的任务和更多的责任。

一般来说，非营利组织对钱的敏感度要高于商业企业。很多时候，它们都在讨论钱的问题，也担心钱的问题，一是因为资金难以募集，二是因为资金总处于严重匮乏状态。但非营利组织的战略并不是建立在钱的基础之上，也没有把钱作为它们计划的核心，这与很多企业管理者的做法是不一样的。“我所服务的企业，其做规划时首先考虑的是财务回报，”在企业和非营利组织分别担任董事的某知名首席执行官说，“而非营利机构在做规划时，首先考虑的则是践行使命。”

从使命以及使命的要求出发，这可能是企业向成功的非营利组织学习的第一课。使命让组织专注于行动，使命定义了组织实现关键目标所需的具体战略，使命创造了恪守纪律的组织。仅靠使命，就可以让组织特别是大型组织免患最常见的退行性疾病：把一向有限的资源分散配置给“有趣的”或看似“有利可图的”项目，而不是把它们集中起来，专注于发展极少数富有成效的项目。

最优秀的非营利组织会就自身使命做出全面而深入的思考，然后给出明确定义。它们的使命不会充斥着满怀良好愿望的笼统陈述；相反，它们聚焦的是具有明确意义的工作目标，而这个目标既针对组织工作人员，也针对志愿者。比如，救世军的目标是将社会弃儿，如酗酒者、犯人，以及无家可归的流浪者等，转变成公民。女童子军致力于帮助女童成长为自信、有能力、尊重自己也尊重别人的年轻女性。大自然保护协会旨在保护自然界中动植物的多样性。非营利组织对使命的思考，是从环境、社区或可能的“客户”开始的，而不是像美国企业一样，倾向于从内部着手，将组织本身或组织的财务回报作为思考的起点。

柳溪社区教会位于伊利诺伊州芝加哥市外的南巴灵顿，是全美最大的教会，拥有大约 13 000 名教区信徒。然而，从成立至今，它才不过 15 年的时间。比尔 · 希波尔斯在 20 岁出头时创办了这家教会，而他之所以选择这个社区，是因为这里很少有人去做礼拜，但实际上，该社区的人口增长很快，教会也很多。他挨家挨户去问：“为什么你不去教堂？”然后，他据此设计了一个教会，用以满足潜在“客户”的需求，比如，每个周三晚上，它会提供全面的礼拜服务，因为很多上班族父母会在周日陪伴孩子。此外，希波尔斯还不断倾听“客户”的声音，并给出回应。他在布道现场录音，然后第一时间复制录音带，以便教区信徒在离开教堂时随身带走，因为总是有人告诉他：“我要在开车回家或上班途中听，这样才能把福音融入我的生活。”但也有人告诉他：“布道时总说要改变生活，但从未告诉我怎么改变。”所以，现在每次布道结束时，希波尔斯都会给出具体的行动建议。

一个明确定义的使命，会不断提醒组织着眼于外部世界，这不仅是为了寻找“客户”，也是为了寻找成功的衡量标准。在非营利组织中，始终存在一种“善是我们的事业”的自我满足感，因而也就会用良好愿望取代结果。正因为如此，成功的、运转良好的组织已经学会明确定义结果，即组织外部的哪些变化会是结果的组成部分，进而把重点放到这些变化上。

美国西南地区一家大型连锁天主教医院的经验表明，明确的使命感和以结果为导向的举措是极有成效的。在过去的 8 年里，尽管医疗保险计划的支付和病人的住院天数都呈大幅下降趋势，但该连锁机构的收入还是增长了 15%（由此成功实现收支平衡），同时大幅拓展了服务范围，并大大提高了病人的护理标准和医疗标准。它能做到这一点，是因为担任该连锁医院首席执行官的那名修女知道，她和工作人员的职责，是为人们特别是穷人提供健康保健服务，而不是经营医院。

因此，在大约 10 年前，当医院系统基于医疗原因而非经济原因剥离健康保健服务时，这家连锁机构不仅没有对抗趋势，反而助推了这一趋势的发展。它随之设立了日间手术中心、康复中心、X 射线和实验室网络，以及健康维护组织等。这家连锁医院的格言是："只要是符合病人权益的事情，我们就必须推动；我们的职责是让工作产生价值。"不可思议的是，这个原则却让这家连锁医院人满为患；独立设施极受欢迎，并成为医院稳定的转诊病人来源。

当然，这与日本成功企业的营销战略并没有太大不同，但与大多数西方企业的思维和运营方式却截然相反。区别就在于，那家连锁医院里的天主教修女以及日本人是以自身使命而非自身回报和市场表现为出发点的，这样自然会获得回报。

最后，明确定义的使命会培育创新理念，并会帮助其他人了解为什么要践行这些理念——无论它们多么背离传统。我们以女童子军于几年前发起的一项针对 5 岁女童的计划"雏菊童军"（Daisy Scouts）为例。75 年来，一年级入学年龄一直是加入"小女童子军"（Brownie）的最低年龄要求，而且很多女童子军委员会希望继续保持这一传统。然而，有些女童子军委员会却注意到了人口特征的变化，它们发现职业女性越来越多，"钥匙儿童"（latch key kid）现象越发明显。同时，它们还发现，这些儿童远比上一个世代的同龄儿童成熟——这主要归功于电视。

今天，雏菊童军的成员已经超过 10 万人，而且人数还在快速增加。就过去 20 年开展的众多学龄前儿童计划而言，这是最成功的一个计划，而且它的成功远超过任何一项耗资不菲的政府计划。此外，这也是迄今为止唯一依据人口特征关键变化以及某种社会现象（儿童长时间看电视）开发的项目。

现在，很多非营利组织都有运转良好的董事会，而在企业界，运转良好的董事会仍属特例。此外，非营利组织还设有一项制度，即明确规定首席执行官对董事会负责，且由董事会委员会对其进行年度绩效考核，这在企业界是难得一见的。而更难得一见的是，非营利组织还会依据预先设定的目标，对董事会的绩效进行年度考核。有效利用董事会，是企业应向非营利组织学习的第二课。

按照美国法律，董事会仍被认为是公司的管理机构。管理领域的作者和学者一致认为，强大的董事会是至关重要的，而自迈尔斯·梅斯著书立说开创先河以来，[①]他们论述董事会的效能已超过 20 年。然而，在过去的半个多世纪里，美国大公司的最高管理层一直在削弱董事的作用、权力和独立性。在过去的几十年里，大企业里的任何业务失败，最后知后觉的无一例外都是董事会。要找一个真正运作有

① 此处指迈尔斯·梅斯的代表作《总裁和董事会》一文，参见《哈佛商业评论》，1971 年 3—4 月刊。

效的董事会，建议你最好去非营利部门找，而不是到上市公司里找。

在某种意义上，这一差异可以说是历史的产物。传统上，董事会一直负责运营或试图运营非营利组织。事实上，这只是因为非营利组织发展到一定程度之后，规模太过庞大，机构太过复杂，仅靠外部兼职人员每月开三个小时的会已难以应付，所以它们大多走上了专业化管理的道路。美国红十字会可能是世界上最大的非政府组织，必定也是世界上最复杂的组织之一。它参与世界各地的灾难救援行动；它在医院中设有数以千计的血库、骨库和皮肤库；它在美国各地开展心肺复苏培训活动；它在数千家学校开设急救课程。但在 1950 年之前，它一直没有聘请领薪水的首席执行官，而直到里根政府时期，它才有了第一位专业的首席执行官。

然而，无论专业管理变得多么普及（现在大多数非营利组织以及所有的大型非营利组织都有专业的首席执行官），非营利组织的董事会通常也不会像企业的董事会那样被弱化。非营利组织的董事会不可能成为“橡皮图章”，而无论它们的首席执行官多么希望如此——相当一部分人也确实希望如此。钱是其中一个原因。在上市公司，身兼董事的大股东屈指可数，而在非营利组织，董事往往是大额资金的捐助者，而且组织也期望他们引荐新的捐助者。再者，从个人层面讲，非营利组织的董事对组织的事业通常也是有承诺的。除非对信仰或教育非常关心，否则很少有人会愿意担任教区委员会的委员或学校董事会的董事。此外，非营利组织的董事通常是该组织多年的志愿者，对该组织有着深刻的了解，这一点同企业的外部董事是不一样的。

非营利组织的董事会对工作非常投入和积极，正因如此，董事会和首席执行官之间的关系往往都很紧张，而且极有可能产生摩擦。非营利组织的首席执行官抱怨董事会“管得太多”，而反过来，董事则抱怨管理层“篡夺”董事会的职权。这种情况下，越来越多的非营利组织认识到，董事会和首席执行官都不是彼此的“老板”；他们是同事关系，均致力于实现同一个目标，只是有着不同的工作分工而已。而且，它们还认识到，首席执行官有责任确定每一个人的工作任务，这其中也包括董事会的任务和他们自己的任务。

比如，美国太平洋西北地区的一家大型电力合作社有 10 个董事会委员会，即每名董事各有一个委员会。这些委员会分工明确，各司其职：社区关系、电力价格、人事，以及服务标准等。作为一人委员会，它们会与合作社不领薪水的志愿者董事长和领薪水的专业首席执行官合作，确定明年和未来三年的目标以及达成这些目标的工作路线图。通常来说，这会花费每名董事 5~8 天的时间。董事长每年都会对各董事会成员的工作及工作绩效进行考核；若连续两年考核不合格，则该名成员失去连任资格。此外，董事长还会与其他三名董事会成员一起，对整个董事会以及首席执行官的工作绩效进行年度考核。

正如该案例所显示的，董事会有效运作的关键并不在于如何谈论它的职能，而在于如何组织它的工作。时下，越来越多的非营利组织已经在践行这一理念，其中包括 6 家中等规模的文理学院、1 家领先的神学院，以及一些大型的研究型医院和博物馆。具有讽刺意味的是，这些方法彻底改变了美国第一家非营利机构董事会——哈佛大学监督委员会的运作方式。该委员会成立于300年前，比美国的历史还要悠久。现在，哈佛大学监督委员会的每一名成员都会作为访问者被指派入驻该校某一领域，比如医学院、天文系、捐助基金投资部门等，并担负起两方面的职责：一是该领域的知识来源，二是该领域的绩效考评。美国学术界有一种普遍说法，那就是哈佛大学有一个与众不同的董事会。

迈尔斯·梅斯及其之后的很多人预测，大公司董事会权力的弱化，只会削弱而不是强化管理层的职权，这会降低管理层在绩效和结果方面所承担的责任。事实上，也只有极少数的大公司的董事会会依照预设的业务目标对首席执行官的绩效进行考核。此外，我们也曾预测，董事会权力的弱化，会使最高管理层在遭受攻击时找不到有效的、可信赖的支持。这些预测在最近一连串的恶意收购中得到了充分证实。

为恢复管理层的管理能力，我们必须让董事会重新发挥效能，而这应当是首席执行官的责任。目前，企业界在这方面已经迈出了最初的几步。大多数公司的审计委员会现在都拥有实实在在的职权，而不再是只作表面文章。少数一些公司已经在董事会中设立了小型的专职委员会，负责接班团队和高管人员的发展计划。不过目前来看，这种情况在大公司仍极为少见。该委员会定期约见高管人员，并就他们的绩效和计划展开讨论。但据我所知，迄今还没有哪家公司为董事会制订过工作计划，或对董事会的绩效进行过任何形式的考核。而且，极少有公司会像现在的大型非营利组织那样，通过例行的系统性培训，为董事会输送新成员。

非营利组织过去常说："我们不付薪水给志愿者，所以我们无法对他们提出要求。"而现在，它们则更可能会说："正是因为志愿者不领薪水，所以他们才需要从成就中获得更大的满足感，才需要做出更大的贡献。"志愿者群体的构成从好心的业余人士，一步步转变成为训练有素、专业、不领薪水的工作人员，这是非营利部门中出现的最为显著的变化，也是对企业未来发展最具深远意义的变化。

美国中西部的一个天主教区在这方面可能走得最远。现在该教区的牧师和修女的人数较 15 年前减少了一半还多，但他们所开展活动的规模却较之前大幅扩张，有的甚至扩大了一倍，比如救助无家可归者或吸毒者的活动等。目前，该教区还是有很多传统志愿者，比如从事插花工作的圣坛工会（Altar Guild）成员等。但除传统志愿者之外，它还有大约 2 000 名不领薪水的兼职工作人员，负责运营天主教慈善事业，从事教区学校的行政工作，以及组织开展青年活动、大学里的纽曼俱乐部活动，甚至一些静修活动等。

类似的变革也发生在美国弗吉尼亚州里士满的第一浸礼会教堂，

这也是南方浸礼会中最大、最古老的教堂之一。5 年前，当彼得·詹姆斯·弗莱明博士接任负责人时，该教堂已经连续多年在走下坡路了，看起来就像是典型的内城旧教堂。如今，它又拥有了 4 000 名领受圣餐者，运营十余个社区外展项目，并提供全面的教会事工服务。该教堂只有 9 名领薪水的全职雇员，但在它的 4 000 名领受圣餐者中，有 1 000 人充任不领薪水的圣工人员。

这一发展趋势，绝不仅仅局限于宗教组织。美国心脏协会在美国大大小小的城市都设有分会，然而，只有全国总部才有领薪水的工作人员，但人数很少。他们巡回各地，负责解决该领域内的相关问题和纠纷。各地分会的工作人员和管理者均由志愿者担任，他们全权负责社区健康教育和资金募集等活动。

在某种意义上，这些变化是对需求的一种回应。由于接近一半的成年人已经在从事志愿服务工作，所以总体来讲，志愿者的人数不太可能会再增加。而由于资金一直处于紧缺状态，所以非营利组织无力增加领薪水的工作人员。如果它们想增加活动数量——这种需求一直在持续增长——那么它们就必须让志愿者变得更富有成效，就必须给志愿者更多的工作，并让他们担负起更多的责任。但志愿者角色转变的主要推动力，还是志愿者本身。

在志愿者中，接受过良好教育的、从事管理或专业工作的人士越来越多，这其中包括一些在 50 多岁时就已提前退休的人士，而更多的则是 35~40 岁的一代。他们这些人并不仅仅满足于帮助别人。

他们是知识工作者，并以此谋生，所以他们也希望通过所从事的知识工作为社会做出贡献，也就是说，做志愿工作中的知识工作者。对非营利组织来说，要想吸引并留住他们，就必须让他们的能力和知识发挥出作用，让他们创造出有意义的成果。

很多非营利组织会系统地招募这类人士。富有经验的志愿者会负责从新手中挑选具有领导力的人才，比如教会或教堂里的新成员、为红十字会募资的邻居等，并说服他们去尝试一些高要求的任务。然后，高级别工作人员（或是领薪水的全职人员，或是富有经验的志愿者）会对这些新手的强项进行评估，然后据此安排相关任务。组织也可能会为志愿者安排一名导师和一名主管，让他们协助志愿者制定工作绩效目标。导师和主管通常由不同的人担任，而且他们本身也都是普通志愿者。

拥有 350 万成员的女童子军就采用了这样的运营方式。该组织的志愿者人数达 73 万多人，但领薪水的工作人员却只有 6 000 人。志愿者最开始的任务，通常是开车载送女童子军成员参加聚会活动，每周一次。之后，更有经验的志愿者会引导她们承担其他任务，比如陪伴女童子军成员挨家挨户销售饼干或协助小女童子军负责人组织开展露营活动等。正是通过这样一个循序渐进的过程，女童子军逐步建立起了地方层级的志愿者委员会，并最终建立起女童子军的治理机构——全国志愿者委员会。在这个过程中，从第一步开始，每前进一步都需要参加强制性的培训项目，而这些项目通常是由本身也为志愿者的女性组织开展的。每个培训项目都有具体的绩效标准和绩效目标。

不领薪水的工作人员图什么呢？是什么让他们留了下来？当然，他们随时都可以离开。他们的第一个需求也是最重要的需求，是非营利组织有着明确的使命，而整个组织正是围绕着这一使命开展所有工作的。举例来说，某大型地区银行的高级副总裁是一名两个小孩的妈妈，然而，她还是接任了大自然保护协会州分会的主席职务。该协会的职责是寻找、购买和管理濒危的自然生态。在我问及为什么她要接下如此繁重的额外工作时，她告诉我："我喜欢这份工作。当然，银行也有自己的信条，但我真不知道它做出了什么贡献。而在大自然保护协会，我知道我来这里是为了什么。"

这些新志愿者的第二个需求——实际上也是要求——是培训，培训，以及更多的培训。反过来，对富有经验的老志愿者来说，激励和留住他们的最有效的方式，是认可他们的专业能力，是运用他们的专业能力去培训新的志愿者。然后，这些知识工作者要求担负起责任，而首要的一点就是认真思考并设定自己的绩效目标。他们期待别人的请教；期待参与制定那些会对他们自身的工作乃至整个组织的工作都会产生影响的决策；他们还期待晋升的机会，也就是说，期望有机会承担更重要的任务和更多的责任，因为他们的能力和业绩就摆在那里。这正是很多非营利组织为组织内志愿者建立职业发展阶梯的原因所在。

所有这些活动的支撑机制是问责制。时下，很多身为知识工作者的志愿者坚持要求按照预先设定的目标对自己的绩效进行考核，且至少一年一次。而且，他们越来越期望所在组织能采取淘汰制，将那些表现不佳的人调到其他更适合他们的志愿岗位上或建议他们离开。“这比海军陆战队的新兵训练营还要惨烈。”负责美国中西部教区志愿者团队的牧师说，“但我们有一个400人的候补名单。”同处美国中西部的一家持续增长的大型艺术博物馆，要求所有志愿者（董事会成员、资金募集人、讲解员，以及博物馆内部刊物的编辑人员等）每年都设定目标，并按照这些目标进行自我评估；如果连续两年没有达成目标，则自动请辞。美国大学校园里某家中等规模的犹太组织也采用了这样的做法。

在志愿者团体中，这些专业人士仍属少数，但也已经占有相当比例——可能是志愿者总人数的1/10。而且，他们的人数还在持续增加，更重要的是，他们对非营利组织的影响力也在与日俱增。某大型牧区教会的牧师说：“我们教会中没有普通信众，我们只有牧师，且只有少数牧师领薪水，大多数都不领薪水。”他的这一观点得到了越来越多的非营利组织的认同。

非营利组织志愿者转变成为不领薪水的专业人士，这可能是当今美国社会最大的进步。我们经常听人说家庭和社区在退步、瓦解，价值观在沦丧，我们当然有理由为此感到担忧。但非营利组织正迸发出

强大的对抗流。它们正在打造新的社区纽带，并进一步强化人们对积极公民权的承诺、对社会责任的承诺和对价值观的承诺。毋庸置疑，非营利组织对志愿者的贡献，同志愿者对非营利组织的贡献一样重要。这种重要性与非营利组织对社区服务的重要性，其实是一样的，而无论这种服务是宗教服务、教育服务还是与福利相关的服务。

这一发展也给企业好好地上了一课。如何管理好知识工作者并全面提升其生产力，这是摆在美国管理层面前的一个挑战。非营利组织已经告诉我们该怎么做。这需要一个定义明确的使命，需要对人员做出审慎安排，需要持续学习与指导，需要目标管理和自我控制，需要高要求和与之相对应的责任，以及需要担负起对绩效和结果的责任等。

不过，志愿工作的转型也向美国企业发出了一个明确的警告。我开设了一门针对中高层管理者的课程，学生来自各行各业：银行和保险公司、大型连锁零售企业、航空航天企业、计算机公司，以及房地产开发企业等。但同时，他们也都在非营利组织担任志愿者，比如教会、大学母校的董事会、童子军机构、基督教青年会、社区福利基金或当地的交响乐团等。当我问他们原因时，太多的人给出了同样的答案：因为我的工作没有太多的挑战性，没有足够的成就感，没有足够的责任感，而且，没有使命，只有一时的利害与得失。

（首次发表于《哈佛商业评论》1989年7—8月刊）

第九章

全新的组织社会

我们对组织世界的认识才刚刚开始。作为社会基本单位的组织，是且一定是稳定的破坏者。每一家组织都要致力于新事物的创造。除非做到在创新的同时舍弃过时的做法，并持之以恒地坚持下去，否则组织很快就会发现它已经过时，进而失去创效能力，亦无力吸引和留住熟练的知识型人才。

在西方历史上，每隔几百年就会出现一次剧烈的转型。在几十年的时间里，社会自行重塑它的世界观、基本价值观、社会和政治结构、艺术，以及关键的机构等。50年后，一个新世界出现。而出生在那个世界里的人，可能根本无法想象他们祖父母生活的世界和他们父母出生的世界。

我们现在就处于这样一个转型期，只不过，这次转型并不仅仅局限于西方社会和西方历史。事实上，这次转型的根本变化之一，就是不再有西方历史或西方文明——现在只有世界历史和世界文明。

这次转型是始于日本（第一个重要的非西方国家经济强国），还是始于第一台计算机（也就是始于信息），尚未有定论。我个人认为，它始于《美国军人权利法案》（GI Bill of Rights）。基于该法案，从二战战场归来的每一名美国军人都有了上大学的资金保障，而仅仅退回30年，也就是在“一战”结束时，这样的做法还是毫无意义的。《美国军人权利法案》以及美国退伍军人对该法案的热烈回应，都预示着向知识型社会的转变。

在知识型社会中，知识是个人乃至整个经济的主要资源。土地、劳动和资本等经济学家所称的传统生产要素并没有消失，它们只是退居次要位置。只要有专业知识，这些生产要素都是可以取得的，而且很容易取得。然而，专业知识本身是没有生产效果的，只有把专业知识整合到任务之中，它才会变得富有成效。而知识型社会之所以又是组织的社会，原因就在这里：无论是企业还是非企业组织，每一家组织的宗旨和功能都是将专业知识整合到常见的任务之中。

如果历史可以提供借鉴，那么这一转型应该到2010—2020年才会完成。因此，试图预测这个新兴世界的任何细节都是危险的。但这个世界会出现什么新问题，以及哪些领域会产生重大议题，我想我们还是会有相当大的把握加以预测的。

具体来说，我们已经知道组织社会面临的核心紧张关系和核心议题：社区对稳定的需求与组织对去稳定化的需求之间的矛盾关系；个人与组织之间的关系，以及他们彼此之间的责任关系；组织对自治的需求和社会对公益的需求之间的紧张关系；不断提升组织在履行社会责任方面的要求；拥有专业知识的专家和团队绩效之间的紧张关系；等等。所有这些都是未来数年的核心关切，尤其是在发达世界。这些关切无法通过宣言、哲学或立法来解决，而是需要追根溯源，在具体的组织里解决，在经理人的办公室里解决。

– 观点概述 –

从最大规模的上市公司到最小规模的非营利组织，每一家组织的经理人都面临同一个令人不安的紧急问题：将变革全面引入组织体系。一方面，这意味着每一家组织都要做好准备，以随时放弃它所做的一切。另一方面，这也意味着每一家组织都要致力于创造新事物。除非做到在创新的同时舍弃过时的做法，并持之以恒地坚持下去，否则组织很快就会发现它已经过时，进而失去绩效能力，也无力吸引和留住熟练的知识型人才，而组织的绩效所依赖的恰恰是这些人才。

推动这一迫切要求的正是组织本身的性质。组织的存在，就是要把知识运用到工作中，而知识的变化又非常快，以至今天的定论会变成明天的谬论。这也是知识工作者必须每隔几年就要更新知识的原因；若非如此，他们也会变得过时。

虽然“组织”一词已为人们所熟悉，但我们对这个组织世界的认识才刚刚开始。在这样一个世界里，作为社会基本单位的组织是且一定是稳定的破坏者。现在，各领域内的社会责任问题总是不断涌现出来，原因就在这里。我们需要以一种新的方式去理解组织与其雇员之间的关系，而这些雇员可能是不领薪水的志愿者、不依赖组织的独立专业人士，或随时都可以离开组织的知识型专家。

在过去的600多年里，从没有哪一个社会像今天的社会一样，有着如此多的相互竞争的权力中心。德鲁克解释了为什么变革是且一定是组织生命中唯一不变的主题，并考察了变革对经理人、个人和整个社会的影响。

社会、社区和家庭都是保守的机构。它们设法保持稳定，设法避免变革或至少延缓变革的步伐。但现代组织是稳定的破坏者，它必须被组织起来，开展创新活动。用伟大的经济学家、奥地利裔美国人约瑟夫·熊彼特的话来说，创新就是“创造性破坏”。它必须被组织起来，有系统地摒弃所有既定的、习惯的、熟悉的和舒适的产品、服务和工艺，摒弃成套的技能、人际关系和社会关系，或组织本身。简而言之，它必须被组织起来，进行持续变革。组织的功能是让知识发挥作用，把知识应用到工具、产品和工艺上，应用到设计工作上，以及应用于知识本身。知识的本质决定了它的变化非常

快，今天的定论往往会变成明天的谬论。

技能的变化缓慢且不频繁。如果古希腊的一名石匠穿越到今天的社会，并在一家石匠作坊工作，那么对他来说，唯一重大的改变可能是墓碑上要刻的设计图案。他使用的工具还是一样的，只不过现在的手柄处安装了电池。历史上，一名工匠在经过 5 年或 7 年的学徒生涯之后，就已经掌握了毕生所需的技能，而这时他不过才十八九岁。然而，在组织社会中，我们完全可以认为，掌握任何知识的任何人，每隔四五年都必须更新自己的知识，否则他们的知识就会过时。

这一点是非常重要的，因为对某一知识体系产生最深远影响的那些变化，通常并不出现在这一知识体系所属的领域。自谷登堡首次使用活字印刷术以来，印刷工艺在其后 400 年的时间里基本没有发生改变，而这种情况一直持续到蒸汽机出现为止。对铁路构成最大挑战的，并不是铁路领域的变化，而是汽车、卡车和飞机。时下，对制药业产生最深远影响的是遗传学和微生物学领域的知识，而倒推 40 年，这些学科对生物学家来说可谓闻所未闻。

能够创造新知识并让旧知识过时的，绝不仅仅是科学或技术。社会创新的重要性丝毫不亚于科学创新，而且很多时候比科学创新更重要。作为 19 世纪最引以为豪的机构，商业银行目前遭遇的这场全球性危机的触发因素，其实并不是计算机或其他技术的变革。相反，这场危机的发生，最初是因为非银行界人士发现商业票据——存在已久但极不为人关注的一个金融工具——可用于公司融资支持，从而让银行失去了一项垄断长达200年之久的业务，而这恰恰也是银行最赚钱的业务——商业贷款。过去40年里最大的变化，或许就是有目的的创新——包括技术创新和社会创新——已经发展成为一门系统的学科，既可讲授，也可习得。

至今仍有很多人认为，建立在知识基础之上的快速变化仅局限于商业领域，但事实并非如此。在二战之后的50年里，没有哪一个组织的变化比得上美国军方。军方的制服和以前一样，军方的职衔也和以前一样，但军方的武器已经完全改变了，这一点在1991年的海湾战争中有过明确展示。军事信条和概念的变化甚至更大，比如美国武装力量的组织结构、指挥结构、关系和责任等的变化。

同样，我们也可以很有把握地预测，在接下来的50年里，学校和大学的变化会比它们在过去300年里的变化更剧烈。因为自300年前围绕印刷书籍重组以来，学校和大学就一直保持着当前的形态。而推动这些变化的力量，一部分是新技术，比如计算机、影像和卫星广播电视等；一部分是知识社会的需求，而在这一社会中，有组织的学习是知识工作者必须持续一生的过程；还有一部分是关于人类如何学习的新理论。

对经理人来说，知识的动态发展给出了一个明确指令：每一个组织都必须把变革管理纳入组织结构中。

一方面，这意味着每一个组织都必须做好准备，以随时放弃它所做的一切。经理人必须学会一点，即每隔几年就要针对所有工艺、产品、程序和政策提出如下问题：“如果我们过去没有这么做，那么据目前所掌握的情况，我们现在会这么做吗？”如果答案是否定的，组织就必须问：“那我们现在该做什么？”组织必须行动起来，而不是说：“让我们再研究一下。”对组织来说，其实它们更需要有计划地去割舍而不是去延长某一成功产品、政策或实务的寿命。在这方面，迄今为止只有少数几家日本大企业在积极实践。

另一方面，每一个组织都必须致力于创造新事物。具体来说，管理层必须利用三项系统性的实务。第一，管理层必须持续提升组织所做的每一件事情，而这个过程就是日本人所称的“改善法”。历史上的每一位艺术家都践行改善法，即有组织的、持续的自我改善。但到目前为止，只有日本人把改善法融入了他们的日常生活以及他们在商业组织的工作之中。这或许是因为他们的禅宗传统，但在一向抗拒变革的日本大学，改善法还是被拒之门外。改善法的目标是对产品或服务进行持续改进，让它们在两三年的时间里从同类产品或服务中脱颖而出。

第二，每一个组织都必须学会利用知识，也就是说，要从自身的成功中发展出下一代的应用。目前来看，在这方面同样是日本企业做得最出色，比如基于美国发明的录音机，日本的消费电子制造商开发出了一款又一款的成功产品。不过，擅长利用自身成功也是美国快速成长的牧区教会的强项之一。

第三，每一个组织都必须将创新作为一个系统过程。现在来看，创新是可以通过组织有序的方式开展的。当然，接下来就是割舍和放弃，然后再重新开始创新过程。除非采用这种做法，否则知识型组织很快就会发现它们已经过时，进而失去绩效能力，也无力吸引和留住熟练的知识型人才，而组织的绩效所依赖的恰恰是这些人才。

以组织有序的方式推动变革也需要高度分权。这是因为组织的结构必须精心构建，唯有如此才能确保决策的速度。而在做这些决策时，必须充分考虑绩效、市场和技术，同时也必须充分考虑并利用社会、环境、人口特征和知识等的变化，因为它们都会为创新提供机会。

然而，所有这一切都暗示，后资本主义社会的组织必定会持续不断地颠覆、瓦解和动摇社区。它们必定会改变社会对技能和知识的需求：当所有理工大学都准备加强物理教学时，组织却需要遗传学家；当银行雇员都精于信贷分析时，组织却需要投资顾问。但同时，企业也必须有关闭工厂的自由，尽管这些工厂帮助解决了当地社区的就业问题；它们也必须有用 25 岁、懂计算机模拟的专业人才取代头发斑白、学习模型制作多年的技术人员的自由。

同样，当产科的知识基础和技术发生变化时，医院必须将婴儿接生转移到独立的分娩中心。而当医学知识、技术和实务发生变化，让病床数量在 200 张以下的医院变得不具有经济性，也没有能力提供一流服务时，我们就必须关闭它们。如果人口特征、技术或知识为一家医院、一所学校或其他任何社区组织设定了新的绩效条件，使得它们无法发挥社会作用，我们就必须关闭它们，不管它们与社区有着多么深厚的渊源，也不管它们多么受人热爱。

但上述任何一种变化，都会扰乱和破坏社区，并会中断社区的连续性。每一种变化都是不公平的，都是动摇社区的力量。

同样会造成社区混乱的，是组织生命中的另一个事实：现代组织必须在社区中，但它又不属于社区。组织的成员生活在某个特定的地方，讲当地的语言，送孩子就读当地的学校，在当地投票、纳税；在那里，他们需要有一种家的感觉。然而，组织不能让自己沉浸在社区中，也不能让自己从属于社区。组织的"文化"必须超越社区。

决定组织文化的是任务的本质，而不是组织所在的社区。公务员对于不同国家的官场秘闻，一听马上就会明白其中的奥秘，但如果让他和当地连锁杂货店的经理一起讨论下周的广告促销活动，即便是在他所在的社区，他也只会是一头雾水。

在执行任务方面，组织必须采取同类型组织所采取的组织与管理方式。比如，我们经常听人说日本公司和美国公司在管理上存在差异。但从功能来看，一家大型日本公司同一家大型美国公司并没有太大区别，它们与大型德国公司或大型英国公司也没有太大区别。

同样，无论医院位于何处，都不会有人怀疑自己所在的地方不是医院。学校和大学，工会和研究实验室，博物馆和歌剧院，天文台和大型农场，也是一样的道理。

此外，每一个组织都会根据自身任务确立价值体系。在全世界的每一家医院，医疗保健被认为是最崇高的善事。在全世界的每一所学校，学习被认为是最崇高的善行。在全世界的每一家企业，商品或服务的生产与分销是最崇高的善举。组织要想达到高水准，就必须让它的成员相信，它现在所做的一切，归根结底，是在为其他人所依赖的社区和社会做贡献。

因此，在组织的文化中，组织始终是超越社区的。如果一家组织的文化和所在社区的价值观发生冲突，那么组织的文化必须优先，否则它就不会做出社会贡献。正如一句古语所云："知识无涯。"自 750 多年前第一所大学建立以来，就一直存在着"市民与学者"（town and gown）[①]的冲突。但这样的冲突是组织社会与生俱来的，比如组织的自主权和社区主张之间的冲突、组织的价值观和社区价值观的冲突，以及组织的决策和社区利益的冲突等。

社会责任也是组织社会与生俱来的问题。现代组织拥有且必须拥有社会权力，而且是非常大的社会权力。它需要权力来做人事决

---

① 在牛津大学刚刚创立之时，穿着长袍的学生经常和当地市民斗殴，扭打在一起，从而形成了英语里一个表示对立的组合词：town and gown，只差一个字母的冤家。——编者注

策，比如聘用谁，解雇谁，提拔谁；它需要权力来制定规则和纪律，以创造成果，比如工作和任务的指派以及工时的确立；它需要权力来决定工厂的选址或者关闭；它需要权力来设定价格；等等。

而非商业组织拥有最大的社会权力，事实上，它们的权力远超过商业企业的权力。从历史上看，极少有组织能像今天的大学一样拥有如此强大的权力。拒绝一名学生的入学申请或拒绝给一名学生颁发毕业文凭，则相当于剥夺了这个人的职业发展机会和其他种种机会。同样，美国医院有权否决医生的住院特许权，而这就相当于剥夺了一名医生的执业资格。工会之所以拥有异常强大的社会权力，是因为它们有权决定谁可以成为学徒，谁可以进入“封闭性企业”（closed shop），即那些只雇用某一工会会员的企业。

组织的权力受到政治权力的制约。它可以接受正当法律程序的制约，并接受法院的审查，但必须由个体组织来行使，而不是政治机构。而这正是后资本主义社会广泛谈论组织的社会责任的原因。

但这种辩论并没有什么意义。正如美国经济学家、诺贝尔奖获得者米尔顿·弗里德曼所言，企业的唯一责任是它自身的经营绩效。经营绩效是企业的第一责任。其实，对一家企业来说，它至少要做到收支相抵，否则就是不负责任的，因为它浪费了社会资源。经营绩效是企业的基石。如果没有经营绩效，一家企业就无法履行其他任何责任，就无法成为一个好的雇主、好的公民和好的邻居。但经营绩效并不是企业的唯一责任，就像教育绩效之于学校、医疗保健绩效之于医院一样。

除非通过责任来平衡权力，否则权力就会沦为暴政。再者，如果没有责任加以平衡，权力就会堕落，成为无所作为的力量，而组织必须是有所作为的。因此，对践行社会责任的组织的需求不但不会消失，而且还会进一步加大。

幸运的是，我们也知道如何回答社会责任的问题，即便这只是一个笼统的答案。每一个组织都必须担负起全部的责任：对雇员的责任，对环境的责任，对客户的责任，以及对其他所有利益相关方的责任。这是它的社会责任。但我们也知道，社会越来越依赖大型组织——包括营利性组织和非营利性组织——来解决社会重大弊病。我们要特别注意，良好的愿望并不总是符合社会责任的。对一个组织来说，如果它去接受甚至追求一些责任，而这些责任恰恰又会削弱它执行主要任务的能力，削弱它履行使命的能力，抑或是它接受或追求的是其根本无力承担的责任，那么这样做就是不负责任的。

组织已经成为日常用语。当有人说“在我们组织，一切都以客户为中心”或“在这个组织，他们永远都不会忘记犯过的错误”时，每个人都会点头称是。而在发达国家，大部分甚至所有社会任务都是由各种各样的组织在其内部完成的。然而，在二战之前，在美国以及世界其他任何地方，都没有人谈及“组织”。在1950年版的

《牛津简明英语词典》中，甚至都没有这个词条。二战之后，随着管理学的兴起，也就是我所称的“管理革命”，人们才清楚地看到组织与社会中其他机构的明显不同。

不同于“社区”、“社会”或“家庭”，组织是为特定目的而设计的，且有着专门的业务领域。社区和社会是由维系其成员的纽带界定的，无论这一纽带是语言、文化、历史还是地域；而组织是由任务界定的。交响乐团不会尝试给人治病，它是演奏音乐的；反之，医院负责照护病人，但不会尝试演奏贝多芬的乐曲。

事实上，组织之所以高效，是因为它专注于单一任务。多元化会破坏组织的绩效能力，而无论这个组织是企业、工会、学校、医院、社区服务机构还是教堂。社会和社区一定是多维度的，它们是环境；而组织是工具，与其他任何工具一样，它越专业化，就越有能力执行既定任务。

因为现代组织是由专业人士组成的，而每一位专业人士又都有着某一狭窄领域的专门技能，所以它的使命必须是非常清晰的。组织必须专心致志，否则它的成员就会感到困惑。组织成员从事他们擅长的工作，而不是把专长应用于共同任务。他们以自己的专长定义结果，并将这些专长的价值观强加给组织。唯有专注的共同使命，才能让组织凝聚到一起，才能让组织具备生产力。如果没有这样的使命，组织很快就会失去可信度，进而失去吸引所需人才的能力。

对经理人来说，他们很容易忘记一点，那就是加入组织一定是自愿的。当然，事实上可能别无选择。但即便加入一个组织是强迫性的——比如在过去的很多个世纪里，除了少数犹太人和吉卜赛人之外，欧洲所有国家的所有人几乎都是天主教徒——自愿选择的假象也一直被小心翼翼地维系着，比如，在婴儿受洗时，教父誓言这个孩子是自愿成为教徒的。

同样，离开一个组织也可能是很难的，比如黑手党、日本的大企业和耶稣会等，但也不是绝无可能。越是知识型组织，成员的离开就越容易。因此，组织总是在竞争最重要的资源，即胜任工作的知识型人才。

现在，所有的组织常说的一句话是："人是我们最大的资产。"然而，践行这一理念的组织屈指可数，更不用说真心相信的了。大多数组织仍和19世纪的雇主一样，认为个人更需要组织，而不是组织更需要个人；当然，它们也可能不是刻意而为。事实上，组织必须要像推销产品和服务那样推销自己，甚至加倍推销自己，以争取人才的加入。它们必须吸引人才，留住人才，表扬和奖励人才，激发人才的动力，服务并满足人才的需求。

知识工作者与他们的组织之间的关系，是一种明显的新现象，我们目前还没有找到合适的词来描述这种现象。比如，从定义上讲，雇员是指依靠工作获取报酬的人。然而，美国最大的"雇员"

群体是由数以百万计的男性和女性组成的，他们每周为非营利组织无偿工作多个小时。他们显然是“职员”，而且他们自己也这么认为，但事实上，他们是不领薪水的志愿者。同样，很多像雇员一样工作的人，却非法律意义上的雇员，因为他们并不是为其他人工作。五六十年前，我们会说这些人（他们中的很多人乃至大部分人都是受过良好教育的专业人士）是独立人士；今天，我们称他们是自雇人士。

这些差异——几乎所有语言中都存在这些差异——提醒我们，为什么新现实常常需要新词汇。但在这样的词出现之前，对后资本主义社会中雇员的最佳定义或许就是：雇员是指那些依靠组织贡献自己能力的人。

至于那些从事次要工作或琐碎工作的雇员，比如超市里的店员、医院的女清洁工和货车司机等，这个新定义对他们来说意义不大。从务实的角度看，他们的职位同早前那些挣工资的工人并没有太大区别，而那些工人所从事的工作，也正是他们目前所从事工作的前身。事实上，这恰恰是现代社会面临的重大社会问题之一。

但组织和知识工作者之间的关系则截然不同。顺便说一句，知识工作者占雇员总数的比例至少已超过1/3，甚至已达2/5。此外，组织和志愿者之间的关系也截然不同。他们能够工作，全是因为有组织的存在，因而他们也是具有依赖性的。但同时，他们又拥有自己的生产资料，也就是他们所掌握的知识。就此来看，他们是独立的，而且流动性很高。

知识工作者仍需要生产工具。事实上，对知识型雇员的生产工具的资本投资，可能已经超过了对制造工人的生产工具的资本投资。（以社会投资为例，对知识工作者的教育投资，远高于对体力劳动者的教育投资，两者之间相差很多倍。）但除非知识工作者能够运用自身所掌握的、别人无法拿走的知识，否则这种资本投资是没有效果的。工厂里的机器操作员，按照所接收的指令做事。机器不但决定做什么，而且也决定怎么做。知识型雇员可能也需要机器，比如计算机、超声波分析仪或望远镜等，但这些机器不会告诉知识工作者该做什么，更不用说该怎么做了。如果缺少了雇员所掌握的知识，机器是不会产生效果的。

同历史上的所有工人一样，机器操作员会被告知做什么、怎么做，以及以多快的速度做。而对于知识工作者，则很难做到有效监督，除非他们所拥有的专业知识超过了组织里的其他所有人，否则他们基本是无用的。营销经理可能会告诉市场研究员，公司需要哪些有关新产品设计的信息，以及该产品应该定位在哪一细分市场等。但是，告诉总裁公司需要什么市场调研、怎样设计调研，以及调研结果的意义是什么，则是市场研究员的职责所在。

在20世纪80年代，美国企业界经历了一次痛苦的重组之旅，其间成千上万名乃至数十万名知识工作者失去了工作。他们的公司或被并购，或被分拆，或被清算。然而，仅仅几个月后，他们中的大多数人又都找到了可以运用他们的知识的新工作。这个转型期是痛苦的。在找到新工作的人中，大约有一半人的薪水不及过去，工作本身可能也没有过去好。但是，被解雇的技术人员、专业人士和经理人发现，他们是有资本的，而这个资本就是知识，就是生产资料；而组织一方，则拥有生产工具。二者彼此需要。

这种新关系的后果之一，就是雇员的忠诚度已经无法再通过薪水来维系了。顺便说一句，这也是现代社会中的一个新矛盾。要想赢得知识型雇员的忠诚，组织必须向他们证明，它们可以提供一流的机会，以充分发挥他们知识的作用。不久之前，我们还在谈论劳动力，而现在，我们更多的是谈论人力资源。这一变化提醒我们，现在主要是个人，特别是熟练的知识型雇员，在决定他们会为组织做出什么贡献，以及他们的知识会产生多大效益。

因为现代组织是由知识型专家组成的，所以它必须是平等的组织，必须是同事和伙伴关系的组织。没有哪一种知识是高于另外一种知识的。对知识的评判，依照的是它对组织的共同任务的贡献，而不是它固有的优劣长短。因此，现代组织不可能是上下级关系，它必须以团队的方式来组建。

团队的类型只有三种。第一种是网球双打型团队：这种团队的规模必须要小，而且每一名团队成员都要调整自我，以适应其他团队成员的个性、技能、强项和弱项。第二种是足球队型团队：在这种团队中，每一名团队成员都有自己的固定位置，但团队是整体运动的（守门员除外），且在运动期间，各成员仍保持相对位置。第三种是棒球队型团队或交响乐团型团队：在这种团队中，所有成员都有固定位置。

在任何特定时间，组织只能参与一种游戏；对于任何一项特定任务，组织只能用一种团队来执行。采用哪一种团队，或是参与哪一种游戏，是组织生命周期中最危险的决策之一。在组织中，从一种团队转型为另一种团队，其难度之大，可以说超过组织的其他所有任务。

传统上，美国工业采用棒球队型团队生产新产品或新模型。研究部门完成工作之后，把成果交给工程部门；工程部门完成工作之后，把成果交给制造部门；制造部门完成工作之后，把成果交给营销部门；会计部门通常会在制造阶段加入；人事部门通常只会在出现真正危机时才参与进来，但即便出现了真正危机，它也很少参与。

在新产品开发方面，日本人后来改用足球队型团队。在这种团队中，职能部门各司其职，但自一开始，它们就齐心协力，携手共进。在某种意义上，任务就像是球场上的那只足球。日本人花了至少 15 年的时间才学会这种做事方式。但在掌握了这个新概念后，他们把开发时间缩短了 2/3。过去需要 5 年才能完成的新车型开发，现在丰田、日产和本田只需要 18 个月就可完成。这一点，再加上他们的质量控制方法，让日本人在美国和欧洲汽车市场上占尽优势。

部分美国制造企业不遗余力，试图按照日本模式重建开发流程。比如，福特汽车公司在20世纪80年代初就已开始采取行动。10年后，也就是90年代初，福特已经取得长足进步，但与日本公司相比，仍相去甚远。改变一个团队需要“忘却所学”（unlearning），而这是一个难度远超出想象的学习过程。它需要你放弃辛苦学来的技能，放弃一生的习惯，以及在专业主义领域十分珍视的价值观等。它还需要你放弃宝贵的旧有人际关系，而这可能是最难的一点，因为它意味着放弃人们一直以来所认为的“我们的社区”或“我们的家庭”。

但对组织来说，要想取得好的成效，就必须以团队的形式组建。当现代组织在19世纪末崭露头角时，唯一的典范就是军队。对1870年的世界来说，普鲁士军队是堪称奇迹的组织。对1920年的世界来说，亨利·福特的装配线也是如此。在1870年的军队中，每名成员都做大致相同的事情，而掌握知识的成员屈指可数。军队是按照指挥和控制的方式组建的，商业企业以及其他大多数机构都借鉴了这一模式。现在，情况正迅速发生变化。越来越多的组织已成为以信息为基础的组织。在此过程中，它们向足球队型或网球双打型团队转变，也就是说，转变成为以责任为基础的组织，团队中的每名成员都必须扮演负责任的决策者的角色。换句话说，所有成员都必须把自己视为管理者。

即便如此，组织也必须要加以管理。一种管理是非连续性、例行公事式的管理，比如美国某郊区学校里的家长教师协会。另一种管理是由一大群人来管理，他们从事全职的、要求很高的工作，比如军队、商业企业、工会和大学等。但无论是哪一种管理，都必须要有负责做决策的人，否则只会一无所成。对于组织的使命、精神、业绩和结果等，也必须要有人负责。社会、社区和家庭可能有领导者，但只有组织才有管理层。管理层必须拥有相当的权力，但在现代组织中，管理层的职责并不是指挥和命令，而是激励和启迪。

在人类历史上，组织社会前所未有。首先，它的绩效能力是前所未有的，原因有二：一是各组织都是从事特定任务的高度专业化的工具；二是各组织都以知识的组织与部署为基础。其次，它的机构是前所未有的。此外，它的紧张关系和问题也是前所未有的，但并非所有的紧张关系和问题都很严重，事实上，在有些领域，我们已经知道如何解决，比如社会责任问题，但在另外一些领域，我们还没有找到正确答案，甚至还没有提出正确问题。

比如，社区在连续性和稳定性方面存在需求，而组织又必须要成为创新者和稳定的破坏者，因而它们之间存在矛盾关系。再比如“文人学士”和“经理人”之间的矛盾分歧，他们都是不可或缺的：前者创造知识，后者运用知识，并使知识发挥出生产力；但前者专注的是文字和思想，后者专注的是人、任务和绩效。随着知识越来越专业化，也就是从一门知识转向多门细分知识，一些危险也随之出现，并危及组织社会的根基，即知识基础。但最大、最难以应对的挑战，来自社会的新的多元主义。

在过去的600多年里，从没有哪一个社会像今天的社会一样，有着如此多的权力中心。其实，早在中世纪时期就已经出现了多元主义。社会是由数百个相互竞争、具有自治权的权力中心组成：封建领主和骑士、享有豁免权的主教辖区、自治的修道院，以及自由市等。在一些地方，比如奥地利的蒂罗尔，甚至还有自由农——他们仅对君主负有义务。此外，还有自治的手工业行会以及跨国贸易联盟［如汉萨商业同盟（Hanseatic Merchants）和佛罗伦萨的商业银行家团体等］、通行费和税务征管人员、拥有立法权和课税权的地方议会，以及可接受雇佣的私人军队等，不胜枚举。

欧洲的现代史，是相互竞争的权力中心最终归于中心权力之下的历史。这个中心权力起初是君王，后来是国家。日本的现代史也如此。到19世纪中期，除美国外，当今所有发达国家都已经建立起了单一权力中心；在宗教和教育组织方面，美国仍保持着高度多元化。实际上，废除多元主义是一项持续近600年的“进步”事业。

但就在作为单一权力中心的国家看似已确定胜出时，第一个新组织出现了：大型商业企业。（当然，在宣布历史终结时，总会出现这种情况。）从那时起，一个又一个的新组织如雨后春笋般涌现出来，诸如大学等历史悠久的组织——在欧洲，它们似乎已经被安全地置于中央政府的控制之下——再一次成为自治机构。具有讽刺意味的是，20 世纪的极权主义却在做最后的挣扎，试图拯救旧的信条。按照该信条的主张，社会中只有一个权力中心、一个组织，它不允许多元主义的存在，不允许有相互竞争的自治组织。

众所周知，这个企图最终失败了。但中央权威的失败，本身无益于解决多元社会中衍生出来的种种问题。为说明这一点，我们来讲一个很多人都听过的故事，更准确地说，应该是很多人都听错的故事。

查尔斯·威尔逊（Charles Wilson）是美国历史上知名的杰出人士，先后担任通用汽车的总裁和首席执行官，后又在艾森豪威尔政府担任国防部长。但今天人们还记得威尔逊，或许是因为他从未说过的一句话："凡是对通用汽车有利的，便是对美国有利的。"其实，在 1953 年举行的国防部长确认听证会上，威尔逊的原话是："凡是对美国有利的，便是对通用汽车有利的。"

在之后的日子里，威尔逊一直试图纠正这个错误引用，但没有人听他解释。每个人都认为，"就算他没有说这句话，他心里也是这么想的——其实，他也应该这么想"。如前所述，组织的管理者必须坚定地认为，其所在组织的使命和任务是社会上最重要的使命和任务，同时也是其他所有一切的基础，无论这个组织是企业、大学、医院还是童子军。如果他们不坚信这一点，那么他们的组织很快就会丧失信念，进而失去自信、自豪感和绩效能力。

多元化是发达社会的特征，并发挥着强大的力量。多元化的出现，完全是因为自工业革命以来，特别是在过去50年里，我们建立起了专业化的、执行单一任务的组织。这些组织的绩效能力，得益于它们的自治和专业化特性，得益于它们仅专注自身领域内的使命、愿景和价值观，而社会和社区则不在它们的考量范围之内。

因此，我们又回到了先前那个从未被解决的问题上，即多元化社会的问题：谁来维护共同利益？谁来定义共同利益？谁来平衡各社会机构之间相互独立而又常常存在冲突的目标和价值观？谁来制定兼顾各方的折中决策？这些决策的依据是什么？

中世纪的封建主义之所以被单一主权国家取代，正是因为它无法解决上述问题。但单一主权国家现在又被一种新的多元主义取代，原因是它既不能满足社会的需求，也不能执行社区的必要任务。这种新的多元主义是指功能上的多元主义，而不是政治权力上的多元主义。说到底，这才是我们应该从东欧社会主义的失败中以及从无所不包和无所不能的国家信念的破产中学到的最根本的教训。我们现在面临的挑战，就是要让这种基于知识型自治组织的多元主义既能贡献经营绩效，又能促进政治和社会凝聚力。

（首次发表于《哈佛商业评论》1992年9—10月刊）

第十章
自我管理

我们每个人都必须成为自己的首席执行官。你最可贵的长处是什么？你最致命的短处是什么？你是如何学习的？你是如何与他人共事的？你最坚信的价值观是什么？在什么样的环境下你能做出最大贡献？只有当你把自己的长处和自我认知结合起来时，你才能够实现真正的、持久的卓越。

历史上的集大成者都很懂得自我管理，比如拿破仑、达·芬奇和莫扎特等。在很大程度上，正是这一点让他们取得了伟大成就。但他们都是难得一见的天才，成就也非比寻常，普通人自是难以企及。如今，大多数人必须学会自我管理，天资平庸者也不例外。我们必须学会自我发展，把重点放到我们能做出最大贡献的地方。在50年的工作生涯中，我们还必须始终保持警觉和参与度，而这就意味着，我们必须知道该在何时、以何种方式改变我们的工作。

我的长处是什么？

大多数人都自认为了解自己的长处。但在这一点上，他们通常是错的。更多时候，人们自认为了解自己的短处，但这多半也是误解。然而，唯有发挥个人长处，才能取得成绩。成绩不可能建立在个人的短处之上，建立在个人力不从心的事情上更是不可能。

从历史上看，人们基本没有必要了解自己的长处。自出生时起，人的地位和行业就已经注定了：农民的儿子还会是农民；工匠的女儿，还是会嫁给工匠；等等。但现在，人们有了选择。我们需要了解自己的长处，以便了解我们的归属。

发现自己长处的唯一方法是反馈分析法（feedback analysis）。每当你做出关键决策或采取关键行动时，记下你所期望的结果；9 个月或 12 个月后，依照预期对比实际结果。我用这个方法已经有 15~20 年了，每次都会给我带来惊喜。比如，反馈分析结果显示，我对技术人员有一种直观的理解力，而无论他们是工程师、会计师还是市场研究员，这一点让我大感意外。另外结果也显示，我对通用型人才缺乏共鸣。

反馈分析法绝不是什么新方法。它最早出现在 14 世纪，发明者是一位毫不知名的德国神学家；大约 150 年后，约翰·加尔文和罗耀拉的依纳爵双双拾起了这种方法，并分别传授给了自己的信众。这种方法讲求的是绩效和成果；事实上，也正是这一原因，使得他们两人创建的机构——分别为加尔文教派和耶稣会——在 30 年内发展成为欧洲最大的教会组织。

只要坚持练习，通过这个简单的方法，在短短两三年内，你就会发现自己的长处，而这正是你需要知道的最重要的事情。反馈分析结果会向你表明，是什么原因导致你未能充分发挥所长。它也会告诉你，哪些方面是你不擅长的，以及哪些方面是你不具备优势也无力做好的。

反馈分析结果具有多种行动内涵。首先，也是最重要的一点，要专注自己的长处，并把重点放到可以创造成果的长处上。

其次，致力于发展自己的长处。通过反馈分析，你很快就会知道你需要提升哪些方面的技能，或需要获取哪些方面的新技能。同时，你也会发现你在哪些方面存在知识欠缺，而这通常都是可以补救的。数学家是天生的，但三角学却是人人都可以学会的。

最后，"知识上的傲慢"会让人在某些方面变得无知。所以，你要找出问题所在，然后克服它。太多的人，特别是某一领域学有专长的人，只关注自己的领域，对其他领域的知识则嗤之以鼻，或认为有一个聪明的头脑就可以代替知识。比如，一流的工程师常常以自己不具备人际关系方面的知识而自豪。在他们看来，人与人的关系杂乱无序，不适合优秀工程师的头脑。与之相对，人力资源专业人士常常以自己不懂基础会计或计量方法而自豪。但这种以无知为傲的心态，只是在自我拆台。要去学习和掌握那些有助于你充分发挥自身特长的技能和知识。

– 观点概述 –

我们生活的这个时代，充满了前所未有的机会：如果你有雄心，有干劲，又有才智，那么无论你从哪里起步，都会登上职业顶峰。不过，有机会就会有责任。如今的公司不再管理知识工作者的职业生涯，相反，我们每个人都必须成为自己的首席执行官。

简而言之，在可能长达50年的职业生涯中，如何在工作世界中找到自己的位置，知道什么时候改变方向，如何让自己保持专注，以及如何提升自己的工作效率，都取决于你自己。

要把所有这些事情做好，你需要对自己有一个深刻了解。你最可贵的长处是什么？你最致命的短处是什么？同样重要的，你是如何学习的？你是如何与他人共事的？你最坚信的价值观是什么？在什么样的环境下，你能做出最大贡献？

这里的寓意是很清楚：只有当你把自己的长处和自我认知结合起来时，才能够实现真正的、持久的卓越。

同样重要的是，要改掉自己的坏习惯，也就是说，因为你做了或没做某些事情而致使你无法发挥效力，无法达成绩效。通过反馈分析，

这类习惯很快就能发现。比如，一名规划者可能会发现，他所制订的完美方案之所以失败，是因为他没有坚持贯彻到底。同很多有才华的人一样，他也认为信念可以移山。但移山要靠推土机，信念指明的只是推土机应该从哪里开始动工。对这名规划者来说，他必须要清楚地认识到，规划方案的完成并不意味着工作的结束，他必须找人来执行这个方案，并向他们解释方案的内容。而在方案实施之后，他必须因时因地做出必要的调整。最后，他还必须决定何时停止推进该方案。

与此同时，反馈分析也会显示出问题所在，比如缺乏礼貌。礼貌是组织的润滑剂。两个移动的物体接触时，必然会产生摩擦，这是自然规律。对物来说是这样，对人来说也是如此。无论两个人是否有好感，只要保持礼貌，他们就可以共事，而这种礼貌有时只是简单地说一声“请”和“谢谢”，或者知道对方的名字，或是向他的家人问好。有才华的人，尤其是有才华的年轻人，往往不懂得这一点。如果反馈分析显示，一个在工作中表现优异的人与人合作时却屡屡失败，那问题很可能就出在个人礼节上，也就是说他缺乏礼貌。

对比自己的预期和取得的结果，同样也可以看出什么事情不要去做。在非常多的领域，我们缺乏天资或技能，甚至连最普通的水平也无法达到。我们不应接受这些领域的工作、职责和任务，知识工作者更应如此。我们不应把精力用在提升这些领域的能力上。从无能提升到平庸所要付出的精力和努力，远远超过从一流提升到卓越所要付出的精力和努力。然而，我们大多数人还是致力于将不合格人员变成一般合格人员，大多数的教师、大多数的组织莫不如此。精力、资源和时间不应花在这方面，我们应致力于把有能力的人变成更优秀的人。

– 理念实践 –

要打造卓越的人生，你首先要问自己以下几个问题：

“我的长处是什么？”

要正确地识别自己的长处，可以使用反馈分析法。每次做决策时，都要写下预期结果。几个月后，将实际结果与预期结果进行对比。通过观察寻找模式：你擅长达成什么结果？为达成你想要的结果，你需要提升哪些方面的能力？哪些影响效率的习惯，会让你难以获得自己想要的成果？在识别种种改进机会时，不要把时间浪费在自己不擅长的技能领域，相反，要集中力量提升自己的长处。

“我是如何工作的？”

最适合你的工作方法是什么？在信息处理上，对你来说最有效的方式是什么——阅读还是听他人讨论？你擅长与人共事还是擅长独自工作？在关键问题上，你是适合做决策还是适合给人提建议？在什么样的环境下，你会保持最佳状态——高压环境还是在高度可预测的环境？

“我的价值观是什么？”

你的道德准则是什么？要过上一种有价值的、有道德的生活，你认为最重要的责任是什么？你所在组织的道德观念与你个人的价值观是否相符？如果两者不相符，那么你在该组织的发展可能会遭受挫折，你的绩效也可能无法达成。

“我属于哪里？”

全面考虑你的特长、工作方式和价值观，然后依据这些因素，确定最适合自己的工作环境。而在这样的环境中，即便只是一名普通雇员也会成长为卓越的执行者。

“我能贡献什么？”

在早些时代，公司会告诉它的雇员应做出何种贡献；如今，你有了选择权。要想找到最能提升组织绩效的方式，你首先要问的是：“这种情境的要求是什么？”然后，基于自己的特长、工作方式和价值观，确定可为组织做出最大贡献的方式。

我是如何工作的?

令人惊讶的是，只有极少数人知道他们如何把工作做好。事实上，我们大多数人甚至不知道，不同的人有不同的工作方式、不同的工作结果。太多人是以不适合自己的方式工作的，因而也几乎注定不会有好的绩效表现。对知识工作者来说，“我是如何工作的”这个问题，可能比“我的长处是什么”这个问题更重要。

同一个人的长处一样，一个人的工作方式也是独一无二的。这与人的个性有关。而无论个性是天生的还是后天培养的，它的形成都远在一个人参加工作之前。一个人的工作方式是固定的，就像一个人擅长什么或不擅长什么是固定的一样。一个人的工作方式可以略加更改、修正，但不太可能彻底改变；当然，改变起来也不是什么易事。唯有做自己擅长的事，你才能取得成效。同样的道理，唯有以自己最擅长的方式工作，你才能取得成效。通常来说，如下几个常见的个性特征会决定一个人的工作方式。

我是阅读者还是倾听者?

首要一点，你要知道自己是一个阅读者还是一个倾听者。极少有人知道，人是可以分为阅读者和倾听者的，而集阅读者和倾听者于一身的人屈指可数，至于知道自己属于哪一个类别的那就更少了。

但下面几个例子告诉我们，缺乏这方面的认知会产生严重的后果。

二战时期，作为欧洲战场盟军最高指挥官的德怀特·艾森豪威尔堪称媒体宠儿。他的新闻发布会以风格鲜明而著称：不论记者提出什么问题，艾森豪威尔将军都能应对自如，而且还能以华丽而优雅的措辞，用两三句话清楚描述一种局面或解释一项政策。10年后，当年那些对艾森豪威尔将军崇拜有加的记者，对已担任总统的艾森豪威尔却表现出公开的不屑。他们抱怨艾森豪威尔从不正面回答问题，总是顾左右而言他。他们奚落艾森豪威尔在“屠戮”纯正英语，因为他在回答记者提问时总是语无伦次，在语句表达上也不合语法。

艾森豪威尔显然并不知道自己只是一个阅读者，而不是倾听者。在欧洲担任盟军最高指挥官时，每次召开新闻发布会，他的高级助手都会要求媒体记者至少提前半个小时、以书面形式提交问题。这样一来，艾森豪威尔就可以做到全盘掌握了。在成为总统后，他延续了富兰克林·罗斯福和哈里·杜鲁门的风格，但这两位总统都是倾听者，而且他们也都知道自己是倾听者，喜欢那种自由发挥的新闻发布会。艾森豪威尔或许认为他应承袭上两任总统的风格，但结果呢，对于记者提出的问题，他甚至听都没有听说过。不过，作为非倾听者，艾森豪威尔还不是最极端的例子。

几年后，林登·约翰逊出任总统，但他最终毁掉了自己的总统宝座。究其原因，很大程度上是因为他不知道自己是一个倾听者。他的前任约翰·肯尼迪是一个阅读者，他组建了一个有才华的写作班子，他们负责撰写备忘录，然后再与总统当面讨论。约翰逊上任后保留了这个写作班子，而写作班子成员也一如既往地为总统撰写备忘录。但问题是，他们写的东西，他根本就不懂。早前作为参议员，约翰逊工作出色，这是因为对国会议员来说，首要的一点就是要做一个倾听者。

很少有人能把自己或把他人从一个倾听者变成一个有能力的阅读者，反之亦然。因此，那些试图把自己从倾听者变成阅读者的人，自然难逃林登·约翰逊的命运；同样，那些试图把自己从阅读者变成倾听者的人，也将遭遇德怀特·艾森豪威尔的命运。他们不会有什么好的表现，也不会取得什么成效。

我是如何学习的？

要想了解一个人的工作方式，第二点就是要了解他是如何学习的。很多一流作家在学校中的表现都不是很好，比如温斯顿·丘吉尔。在他们的记忆中，学校教育往往是一种折磨，纯粹的折磨。然而，他们的同学却很少有人这么认为。即便这些同学不喜欢学校生活，顶多也只是觉得无聊而已。出现这种情况的原因就在于，作者通常并不是通过听讲和阅读来学习的，他们是通过书写来学习的。但因为学校不允许他们用这种方法来学习，所以成绩很差。

世界各地的学校是基于这样一个假设而组建的：这里只有一种

正确的学习方法，而且这种方法适用于所有人。但对适合其他学习方法的学生来说，强迫他们以学校所讲授的方法学习，无异于把学校变成了他们的地狱。事实上，仔细讲起来，学习方法大概有 6 种。

有的人靠书写来学习，比如丘吉尔。有的人靠记下大量笔记来学习，比如贝多芬就留下了很多笔记本。然而，他说他在作曲时从没有翻看过这些笔记。但在问及为什么要记笔记时，据说他是这样回答的：“如果不在第一时间记下来，我很快就会忘记。如果我把它们写在了本子上，我就再也不会忘记，也就再也不用翻看了。”有的人是边做边学，还有的人是靠听自己讲说来学习的。

我认识的一位首席执行官，就是以这种讲说方式来学习的。在他的领导下，原本一家籍籍无名的小型家族企业最终成长为行业的领头羊。他有一个习惯，就是每个星期都会在办公室召集一次高层全员会议，然后跟这些高管人员讲上两三个小时。他会提出政策议题，并就每个议题阐述三种不同立场。他极少征询同事的意见，也极少让他们提出问题，他只是需要有人听他讲说。这就是他的学习方法。虽然这是一个相对极端的案例，但通过讲说来学习绝不是什么罕见的方法。成功的庭辩律师就是以这种方法学习的，很多医学诊断专家也是如此，我自己也是。

在所有重要的自我认知中，最容易做到的一点就是了解自己的学习方法。当我问：“你是如何学习的？”大多数人都知道答案。但当我问：“你会依据这一认知采取行动吗？”却只有极少的人点头称是。然而，依据这一认知采取行动是取得成效的关键；若在行动中不遵循这一认知，则很难有好的表现。

“我是一个阅读者还是倾听者？”“我是如何学习的？”这是首先要问的问题，但绝不是唯一要问的问题。为有效实现自我管理，你还必须要问：“我善于与人合作吗？”“我是一个适合单打独斗的人吗？”如果你的答案是善于与人合作，那么接下来还必须问：“我善于以何种关系与人合作？”

有的人最适合以下属身份工作。二战时期美国伟大的军事英雄乔治·巴顿将军就是一个明显的例子。巴顿是美国的高级军事将领。然而，当他被推荐担任独立战区指挥官时，时任美国陆军参谋长的美国乔治·马歇尔将军却说：“巴顿是美国军队中迄今为止最优秀的部属，但他可能会成为最糟糕的指挥官。”要知道，在选拔人才方面，马歇尔可能是美国历史上最成功的人。

有的人最适合以团队成员身份工作，有的人最适合独立工作，有的人天生就适合做教练和指导者，而有的人则根本无法胜任这方面的工作。

另一个关键问题是：“我怎样才能取得成果——是作为决策者还是作为顾问？”很多人适合担任顾问角色，且有卓越表现，但无力承受做决策的负担和压力。与之相对，还有很多人需要顾问推动使他们思考。这样一来，他们就可以以非常快的速度，自信而果断地做出决策并付诸行动。

顺便说一句，组织里的二号人物在被提升为一号人物时，通常都会以失败而告终，原因就在这里。最高职位需要的是决策者，而强势的决策者通常会把他们信任的人安排到二号人物的位置上，担任顾问角色。在这样的位置上，顾问表现卓越，但把他们放到一号人物的位置上时，他们就会败下阵来。他们知道该做什么样的决策，却无力承受做决策的责任。

其他一些重要问题还包括：“我是适合在压力下工作还是需要一个高度结构化的、可预测的环境？”“我是适合在大企业工作还是适合在小公司工作？”极少有人能适应各种不同的工作环境。我就见过很多在大公司里非常成功的人士，到了小公司之后，绩效却一败涂地；反之亦然。

在这里，我还是要重复一下这个结论：不要试图改变自己，这几乎是不可能做到的。但你要努力改变自己的工作方式。另外，不要试图去承担那些你没有能力做或做不好的工作。

我的价值观是什么？

要想做好自我管理，你最终还必须要问：“我的价值观是什么？”这并不是一个道德问题。因为道德的准则是适用于所有人的，而且测试方法也很简单，我称之为“镜子测试”（mirror test）。

在 20 世纪初，各强国中最受尊敬的外交官当属德国驻英国大使。他是一个足堪大任之才，即便当不上德国总理，至少也会出任这个国家的外交部部长。然而，在1906年，他却突然辞职，原因是他不愿主持外交使团为爱德华七世举办的宴会。这位国王是出了名的好色之徒，并明确表示宴会要以自己所希望的方式举办。这位大使据称是这样说的："我可不想早上刮胡子时，在镜子里看到的是一个皮条客。"

这就是"镜子测试"。道德要求你扪心自问："我早上想在镜子里看到一个什么样的人？"在一个组织或一种情境下合乎道德的行为，在另一个组织或另一种情境下也是合乎道德的。但道德只是价值体系的一部分，在组织的价值体系中更是如此。

如果一个组织的价值体系不为自己接受，或与自己的价值观不相符，那么在这样的组织里工作不仅会产生挫败感，而且也很难有好的绩效表现。

比如，有一位非常成功的人力资源高管，她所在的公司被另一家更大规模的公司并购。并购结束后，她得到晋升，并从事她最擅长的工作，其中就包括为重要职位遴选人才。这位高管深信，这些职位应优先从内部雇员中挑选，若实在没有合适人选，再考虑从外部延聘。但这家新公司却认为，应首先着眼于外部人选，以便补充新鲜血液。当然，这两种策略各有利弊，而据我个人的经验，最好是两者兼顾，各取所长。然而，这家公司和这位高管的做法从根本上讲是不相容的。这种不相容并不是出在政策上，而是出在价值观上。在组织和人员的关系上，组织对人员及人员发展所承担的责任上，以及人员对企业最重要的贡献上，都存在分歧。在经受了几年的挫折之后，这位高管最终选择了辞职，财务损失惨重。原因就在于，她的价值观和这家组织的价值观是不相容的。

同样，一家制药公司为取得效益，它或可采取持续的、小幅度的药物改进策略，或可以采用高投入、高风险的方式，下注实现难度很大的突破性药物。从根本上来讲，这并不是一个经济问题。无论采取何种策略，最终结果基本上都是一样的。说到底，这是两种价值体系的冲突：其一，从协助医生提升既有疗法的角度看待公司的贡献；其二，从科学发现的角度看待公司的贡献。

对一家企业来说，无论追求的是短期效益，还是专注于长期效益，这同样是价值观的问题。财务分析师认为企业可以同时兼顾两者，成功的企业家对此则有更深刻的见解。毋庸置疑，每家公司都必须寻求短期效益；但当短期效益和长期发展之间出现冲突时，每家公司都会给出自己的优先项。从根本上讲，这并不是一个经济学问题，而是一种价值冲突，即在企业的职能和管理层的责任上，不同的企业有着不同的看法。

价值冲突并不仅仅局限于企业组织。美国某一发展迅速的牧区教会，便是以新发展的教区信徒的人数作为成功的衡量标准。该机构的领导层认为，真正重要的是有多少新信徒加入了教会。因为加入教会后，上帝自会照顾他们的精神需求，或者至少可以照顾他们的大部分需求。另外一家福音派教会则认为重要的是人的精神的成长，反而鼓励那些无法融入教会精神家园的新人自行离开。

同样，这不是人数的问题。乍看之下，第二家教会的发展似乎要慢一些。但相比于第一家教会，它能留住的新信徒的比例更高，换句话说，它的发展之路更为坚实。这同样不是一个神学问题，或者说神学问题只是一个次要问题，这是一个关于价值观的问题。在公开辩论中，一名牧师声称："除非你先加入教会，否则你永远找不到天国之门。"

"不是这样的。"另一名牧师回答说，"除非你先寻找天国之门，否则你不会加入教会。"

组织跟人一样，也是有价值观的。要想在组织内取得成效，一个人的价值观必须与组织的价值观相契合。这并不是说两者必须一样，但它们必须足够接近，足以并存。否则，个人不仅会产生挫败感，而且也做不出成绩。

一个人的长处同他的工作方式基本上不会发生冲突，彼此之间是相辅相成的。但有时候，一个人的价值观与他的长处则会发生冲突。你擅长做的事情，甚至你非常擅长且能够做得非常好的事情，未必符合你的价值体系。就此而言，你似乎没有必要为这样的工作奉献一生，即便奉献大半生似乎也是不值得的。

恕我冒昧在这里讲一段个人经历。很多年前，我也曾就自己的价值观和我所从事的成功事业而感到纠结。那是 20 世纪 30 年代中期，我还年轻，在伦敦从事投资银行业务。从发挥个人特长来看，这显然是一份适合我的工作。然而，作为一名资产经理，我看不到任何工作上的价值。我认识到，个人价值观比工作更重要，而穷其一生成为墓地里最富有的人是没有意义的。当时我没有钱，也没有其他工作可选。尽管大萧条仍在持续，但我还是选择了辞职。这个决定是对的。换句话说，价值观是也应当是最终的检验标准。

我属于哪里?

少数人很早就知道他们属于哪里。比如，数学家、音乐家和厨师，通常在四五岁的时候就知道自己会成为数学家、音乐家和厨师了。医生通常在十几岁乃至更早的时候就定下了自己的职业方向。但大多数人，尤其是天资聪慧的人，要到二十四五岁之后才知道自己属于哪里。不过，到了那个时候，他们应该已经知道了下面这三个问题的答案：我的长处是什么？我是如何工作的？我的价值观是什么？接下来，他们就可以决定自己的归属了，而且也应该做出决定了。

或者更确切地说，他们应该能够决定自己不属于哪里。如果一个人已经知道不适合在大型组织工作，那么他就应该学会对这样的职位说“不”。同样，如果一个人已经知道自己不适合担任决策者角色，那么他就应该学会对决策任务说“不”。巴顿将军应该学会对独立战区指挥官的职位说“不”；当然，他可能从未意识到这一点。

同样重要的是，在知道这些问题的答案后，当你遇到一个机会、一个工作邀请或一项任务时，你会说：“好的，我接受。不过，我要讲一下我做事的方式以及我所期望的组织架构和关系。还有，在这个时间段内，你对我工作成果的预期应该是这样的，因为这就是一个真实的我。”

成功的职业生涯不是规划出来的。如果知道自己的长处、工作方法和价值观，那么自然也就做好了抓住机遇、发展事业的充分准备。而知道自己归于何处，则可让一个勤勉努力、胜任工作要求但在别的方面一无所长的普通人成为一个卓越的执行者。

我能贡献什么？

从整个历史上看，绝大多数人都没有必要问这样一个问题：“我能贡献什么？”他们应该贡献什么，是由别人告知的；而他们的任务，要么是由工作本身决定的，要么源于主人的指令，前者如农民或工匠，后者如家仆。直至此前不久，大多数人还是处于从属地位，依照他人的吩咐做事，并认为这是理所当然的。即便是到了20世纪五六十年代，新的知识工作者（所谓的“组织人”）仍指望公司的人力资源部门来帮助他们规划职业生涯。

然后，到了20世纪60年代末，再没有人愿意听从他人指挥了。

年轻人开始问："我想做什么？"他们听到的答案是，要贡献自己的力量，那就"做你自己的事"。但同早前"组织人"依仗公司人力资源部门的解决方案一样，这个方案也是错误的。那些认为做自己的事就可以贡献社会，就可以获得自我实现，就可以取得成功的人，结果往往是一无所成。

但这并不意味着我们要重回老路，仍旧按照他人的吩咐或指令做事。特别是知识工作者，他们必须学会问这样一个先前不曾被问及的问题："我能贡献什么？"为回答这个问题，他们必须厘清如下三个明显不同的要素：这种情境的要求是什么？考虑到我的特长、做事方式和价值观，就当前需要完成的任务而言，我怎样才能做出最大贡献？最后，要想产生影响，我必须达成什么样的结果？

我们来看一位新任医院院长的经历。这是一家极有声誉的大型医院，但在过去的30年里，它一直在吃老本，靠名气在经营。这位新任院长认为他的贡献应该是：两年之内，在医院的某个重要领域建立起卓越标准。他选定的目标是急诊室——这是一个规模庞大、结果可见，但又效率低下的部门。他给出的要求是，对于每一位进入急诊室的病人，执业护士必须在60秒内到位，担起照看病人的责任。短短12个月内，这家医院的急症室就成为全美医院的典范。又过了两年，整个医院焕然一新。

这个案例表明，把眼光放得太远是不太现实的，甚至也不是特别有效的。一般来说，一项计划的期限应设在18个月之内，否则就难以做到明晰和具体了。所以，在大多数情况下，你要问的问题应是这样的：“在接下来一年半的时间里，我可以在哪个领域、以何种方式取得有意义的结果？”而回答这个问题，则需要综合权衡如下几个因素。首次，这些结果必须是难以实现的，用当下时髦的话来说，就是要有张力。但同时，这些结果也应在能力范围之内。如果设定的是无法实现的目标，或者只有在极端条件下才能实现的目标，那不叫雄心壮志，那是愚蠢。其次，结果应该是有意义的，应该是可以产生重大影响的。最后，结果应该是可见的，最好是可以测量的。厘清这些问题之后，你就可以确定行动路线了：要做什么，从哪里着手，如何去做，以及要设定什么样的目标和期限。

担负起对人际关系的责任

除了少数伟大的艺术家、科学家和运动员，极少有人仅凭一己之力就能取得结果。大多数人都是与他人合作，而且只有在与他人合作时才有效率。就此而言，无论是组织中的成员还是组织雇用的独立人士，概莫能外。自我管理需要在人际关系方面担负起责任。这包括两部分。

第一，要认清这样一个事实，即其他人和你一样，都是独立的个体，固守着自己的行为方式。这就是说，他们也有自己的特长，有自己的做事方式，有自己的价值观。因此，要想高效地开展工作，你必须要了解共事者的特长、做事方式和价值观。

这听起来似乎理所当然，但很少有人会真正上心。典型的例子是，某雇员在从事第一份工作时，被要求写报告，因为他的领导是一个阅读者。养成习惯后，即便下一任领导是一个倾听者，他还是会继续写报告，结果就是毫无成效可言。无可避免地，他的领导会认为他又蠢又懒，缺乏能力，无法胜任工作。但如果这名雇员稍加注意并花时间来分析一下新领导的做事方式，就可以完全避免的。

领导既不是组织架构图上的一个头衔，也不是一种职能，他们是独立的个体，有权以他们最擅长的方式开展工作。而那些与他们共事的人，则有责任去观察他们，去了解他们的工作方式，并配合他们工作，以求取得最大成效。其实，这就是“管理”领导的秘密。

这种方法也适用于所有与你共事的人。每个人都会依照而且有权依照自己的方式而非你的方式来工作，重要的是他们能不能把事情做好以及他们的价值观是什么。至于工作方式，每个人有每个人的不同。提高效能的第一个秘密就是了解与你共事的人，了解你所依赖的人。唯有如此，你才能利用他们的特长、工作方式和价值观。工作关系是以工作为基础的，但同样也是以人为基础的。

第二，要担负起沟通的责任。每当我或其他咨询师为组织提供咨询服务时，我们听到的第一个问题无一例外都是人格冲突。大多数冲突源于人们不知道其他人在做什么以及他们以何种方式在做，或者不了解人们致力于做出何种贡献以及他们所期望的结果是什么。

而人们之所以不知道或不了解这些，是因为他们从来都没有问过别人，因而也就没有被别人告知过。

这种不愿开口去问的事实，与其说是反映了人类的愚蠢，不如说是反映了人类的历史。过去，人们根本没有必要把这些事情告诉其他任何人，而这种情况直到最近才有所改观。在中世纪的城市，每一个区域内的每一个人都从事相同的行业；而在乡下，霜冻期结束之后，山谷里的人们都会种植相同的作物。即便有少数人做着不同于常人的事情，但由于他们是独自工作，所以也没有必要告诉其他人自己在做什么。

今天，我们绝大多数人都是与他人一起共事，而且他们每个人都有着不同的任务和职责。比如有一位市场营销副总裁，他可能是销售业务出身，知道与销售有关的所有一切，但对于自己从未做过的其他事情则一无所知，比如定价、广告和包装等。所以，做这些事情的人必须确保，让这位副总裁知道他们正在做什么、为什么要做、怎么做，以及预期的结果是什么。

如果这位副总裁不知道这些高级知识专家正在做什么，那么主要责任并不在于他，而是因为他们没有告诉他。反过来，这位副总裁有责任告诉所有与其共事的人，让他们知道他是如何看待市场营销工作的：他的目标是什么，他的工作方式是什么，他对自己的期望是什么，以及他对其他每一个人的期望是什么。

即便人们看到了人际关系的重要性，也往往还是无法与同事进行充分沟通。他们总是有所顾虑，担心别人认为自己冒失、爱打听事或愚蠢。其实并不会。无论何时，你跟同事说："这是我擅长做的事情""这是我做事的方式""这是我的价值观""这是我计划全力以赴做出的贡献""这是我应期望的结果"。他们的回应一定是："这太有帮助了。但为什么不早一点告诉我呢？"

如果你继续问："关于你的特长、工作方式、价值观，以及你计划做出的贡献，哪些是需要我知道的？"你一定也会得到相同的反应。据我所知，无一例外。事实上，知识工作者应该向所有共事的人询问这些问题，无论他们是下属、上司、同僚还是团队成员。而无论何时，他们的反应都是一样的："谢谢你来问我。但为什么不早一点问我呢？"

时下，组织的基础已经不再是强权，而是信任。人与人之间存在信任，并不一定意味着他们就喜欢彼此，而是意味着他们了解彼此。因此，担负起对人际关系的责任，是绝对必要的。这是一种义务。无论一个人是组织的成员、组织的顾问、组织的供应商还是分销商，都需要对所有共事者担负起这一责任，而只要你们在工作上存在相互依赖的关系，你们便是共事者。

规划人生下半程

在大多数人都从事体力劳动的时代，你没有必要担心自己下半生的生活，你只要按部就班地继续做下去就好了。如果你足够幸运，在工厂或铁路辛辛苦苦工作了 40 年后依然健在，那么你就可以清闲而快乐地度过余生了。但今天，大多数工作都是知识型工作，而 40 年的职业生涯并不足以终结知识工作者的人生；他们只是感到厌倦了。

我们听过很多有关高管中年危机的话题，而危机的原因，多半是对工作的厌倦。在 45 岁时，大多数高管已经达到了他们的职业巅峰，而且他们也知道这一点。在从事了 20 年大致相同的工作之后，他们已经得心应手了。但在工作中，他们已经学不到新东西，做不出新贡献，遇不到新挑战，因而也不会产生什么满足感。然而，摆在他们面前的却是另外长达 20 年乃至 25 年的工作生涯。正因为如此，自我管理在引导人们开创职业生涯下半程方面正发挥越来越大的作用。

开创职业生涯下半程的方式有三种。第一，真正开创新的职业生涯。通常情况下，这只需要你从一种类型的组织转换到另一种类型的组织，比如从大公司的事业部财务主管转任中型医院的财务总监。当然，也有越来越多的人完全改变了工作性质，比如企业高管或政府官员在 45 岁的时候转行成为神职人员，再比如在企业界工作了 20 年之久的中层经理到法学院进修，然后转行成为小镇律师。

很多在先前工作中小有成就的人，也会选择开创新的职业生涯。这些人有着相当多的技能，而且也有自己的工作方法。他们需要社群——孩子已经长大，家中已成空巢；他们也需要收入；但最重要的，他们需要挑战。

为职业生涯下半程做准备的第二种方式就是发展平行事业。很多第一职业非常成功的人士，仍从事着所在领域的原有工作，或是全职，或是兼职，或是担任顾问。但同时，他们也在其他组织特别是非营利组织任职，每周再为它们贡献 10 个小时。比如，他们担任教会的管理者或出任女童子军的地方委员会主席等。他们还可能负责运营受虐妇女庇护所，在当地图书馆担任儿童图书馆员，或在学校董事会任职，等等。

开创职业生涯第三种方式便是社会企业家。通常来说，他们都是第一职业中非常成功的人士。他们喜欢自己的工作，但这些工作对他们来说已经没有挑战性。在很多情况下，他们仍从事着原有的工作，只不过在上面投入的时间越来越少。他们也会开创其他事业，通常是非营利性质的。比如，我的朋友鲍勃·布福德，他建立了一家非常成功的电视公司，而且现在仍由他负责运营。但同时，他也创建了一家成功的非营利组织，并与新教教会有合作关系。现在，他正创立另外一家机构，旨在向社会企业家讲授如何在经营好原有事业的同时管理好他们的非营利事业。

能管理好自己下半程的人，可能总是少数。大多数人可能都是在职退休，也就是数着年头，熬到真正退休。但就是这些少数人，他们把漫长的工作生涯视为一种机会——对自己和对社会负责的机会，而也正是如此，他们才会成为领导者和典范人物。

要管理好人生的下半程，还有一个先决条件：早在进入人生下半程之前就做好规划。30 年前，当人们的工作生涯开始被大幅延长时，包括我自己在内的很多观察人士认为，越来越多的退休人员将会成为非营利机构的志愿者。但这种情况并没有发生。如果一个人在 40 岁左右之前没有做过志愿者，那么到 60 岁后，他们也不会成为志愿者。

同样，就我认识的社会企业家而言，他们无一例外，都是早在原有事业达到顶峰之前开始开创第二事业的。比如一位成功的律师，他是某大型公司的法律顾问，在 35 岁左右时，他开始为一些学校提供法律志愿服务，并在 40 岁时被选入学校董事会。到 50 岁时，他已经积聚起财富，并开始设立和运营示范学校。不过，他还在自己年轻时帮助创建的那家公司担任首席法律顾问，而且几乎是全职工作。

尽早培养和发展第二主要兴趣，还有另外一个原因。一个人只要活得足够长，就难免会在生活或工作中遭遇严重挫折：有一位称职的工程师在 45 岁时错失晋升机会；有一位称职的大学教授在 42 岁时认识到，他永远不可能进入知名大学任教，尽管他完全有这方面的资格。还有就是家庭生活中的悲剧：婚姻破裂或子女亡故。在这样的时刻，第二主要兴趣——并不仅仅是业余爱好——可能就会发挥重要作用。比如前面提到的那位工程师，他现在知道自己在工作上的表现并不是很出色，但在工作之外的活动中，比如作为教会的财务主管，他却做得有声有色。一个人的家庭可能破裂了，但通过其他活动，他会找到一个更大的家庭——社群。

在一个崇尚成功的社会里，拥有其他选项将会变得越来越重要。从历史的角度看，从来都没有“成功”这么一回事。正如一句古老的英国祷词所言，绝大多数人都“安守本分”，别无任何期待。当时唯一的社会流动就是向下流动。

然而，在知识社会中，我们期望每一个人都能取得成功。但这显然是不可能的。对很多人来说，他们顶多是不失败而已。要知道，哪里有成功，哪里就必然有失败。因此，无论是对个人还是对个人的家庭而言，能有一个可以做出贡献、产生影响和成就自我的地方，就显得至关重要了。这就意味着，我们要找到第二个领域——无论是转向第二事业、建立平行事业还是开创社会事业——让我们有机会成为领导者，成为受人尊敬的人，成为成功者。

自我管理所面临的挑战看起来非常明显，甚至可以说是一些最基本的挑战，而解决之道似乎也是不言而喻的，甚至可以说是非常幼稚的。但事实上，自我管理对个人尤其知识工作者提出了前所未有的新要求。它要求知识工作者要像首席执行官一样思考和行动。更进一步讲，这种转变，即从听命行事的体力劳动者到必须实施自我管理的知识工作者的转变，给社会结构带来了重大挑战。在当今每一个社会，即便是那些最推崇个人主义的社会，都认为有两件事是理所当然的，当然也可能只是潜意识里的：一是组织的寿命超过个人的寿命，二是大多数人都会待在原地不动。

但如今，情况恰恰相反。知识工作者的寿命超过组织的寿命，而且他们自由流动。自我管理的必要性，也由此在人类事务中掀起了一场革命。

（**首次发表于《哈佛商业评论》1999年1月刊**）